中学校英語サポートBOOKS

主体的・対話的で深い学びを促す

英語授業 8つの指導 ストラテジーと 活動例35

柳井 智彦／立川 研一 編著

明治図書

Introduction
本書の構成と活用法

「主体的・対話的で深い学び」のために教師ができることは何か。本書は
それを具体的に記した。内容は，連動した２つの章から成る。

・指導ストラテジー（CHAPTER１）

   ⇩

・ストラテジーを活用した授業技法と活動例（CHAPTER２）

たとえば，「主体的な学び」を実現するために，CHAPTER１では，教師
の指導方策として４つの**指導ストラテジー**を提案している。

1 自ら取り組むタスクの創造
2 価値あるゴールの共有
3 粘り強さをサポート
4 振り返りの可視化

しかし，指導ストラテジー（この用語は Dörnyei［2001］の邦訳にある）
だけでは授業の姿は見えにくい。そこで，１つ１つのストラテジーを教師の
行動レベルに落とし込んだ**授業技法**を CHAPTER２（一部 CHAPTER１）
の**活動例**の中で明確に記述した。

上記「Strategy３　粘り強さをサポート」を展開する授業技法はたとえば
以下である。

・授業技法—図表を参照させて正誤を推論させる（活動例12）
・授業技法—考えを容易に図解できる方法を示す（活動例14）
・授業技法—ツール（ストップウオッチや本物の英語）を活用して，モデ
　ルと同じになるまで挑戦させる（活動例15）

活動例は見開き２ページで読みやすくした（まれに４ページ）。１つの活
動例は次の項目で構成した。

・この活動の授業技法

・授業場面と指導のねらい

・指導の実際

・指導のポイント（その活動によって育まれる生徒の学びを含む）

　このうち**「指導の実際」**では，その技法を実際に使った授業場面を描写した。その際，他の教師にも場面の再現が可能になるように，発問・指示や配布物等を明示して描いた。たとえば，上記「考えを容易に図解できる方法を示す」という授業技法の実際として，中学生がスピーチのプランを容易にマッピングできるような図解用シートを示した。

　「対話的な学び」と「深い学び」について，本書は以下の４つの**指導ストラテジー**を提案している。

　　5　対話をプロモート

　　6　覚え方のアレンジを支援

　　7　深化させる問い・課題の提示

　　8　仲間との問題解決を促進

　授業技法は，たとえば，「Strategy 7　深化させる問い・課題の提示」については，以下のような授業技法を示した。

・授業技法—理解が浅いことに気づかせるような問いを発する

・授業技法—説明がより詳しく興味深くなるように，１文を追加させる

　本書の活用方法はさまざまである。CHAPTER 2の活動例をさっそく明日の授業で活用されてもよいし，CHAPTER 1の指導ストラテジーから順に読み始めてもよい。

　なお，本書では「主体的」「対話的」「深い」の意味するところは，平成29年告示の学習指導要領（解説）に準じた。

　本書の執筆者は小学校，中学校，高校，大学の教員で，オール大分県である。

　2020年２月

柳井智彦・立川研一

Contents
目次

___

CHAPTER2
指導ストラテジーを活用した
授業技法と活動例 35

❶ 主体的な学びを促す授業技法と活動例

❷ 対話的な学びを促す授業技法と活動例

❸ 深い学びを促す授業技法と活動例

文献一覧

CHAPTER
1

主体的・対話的で
深い学びを促す
８つの指導ストラテジー

Strategy 1 　自ら取り組むタスクの創造

1 指導ストラテジーの解説

> 教師は，生徒が面白く意義があると感じるタスクを提示する

　学ぶことに興味や関心を持つことは，主体的に学びに向かっていく原動力になる。教師の役割は，興味・関心というエンジンにスイッチが入るような課題なり活動なりをオファーすることである。肝心なのはそれを個々の生徒が面白く意義があると感じるかどうかである。興味・関心には個人差が伴うが，クラス全員が夢中で取り組むようなタスクがあるのもまた事実である。

2 関連する理論研究

　「興味」の定義や種類，学習意欲との関連については鹿毛（2013）に詳しい。Hidi and Renninger（2006）は興味を状況的な興味（学習環境などで短期的・偶発的に起きる）とそこから発展する個人的な興味（個人の好み，特性で長く続く）に分けたモデルを示している。また，Schraw, Flowerday, and Reisetter（1998）の実験は自分で「選択できること」と興味・関心との関連を探っている。言語教育では Dörnyei（2001，邦訳2005）の次のような指摘が示唆的である。

　①教材を学習者に関連付ける

　②タスクの魅力を増して学習を興味深く楽しいものにする

　③タスクの目的や有用性をよく理解させる

3 授業での活用法

「即興で1分間スピーチができること」をゴールとする授業で，興味・関心を引き起こすようなタスクを試みた。

授業技法の例

・話したいと思うトピックを自分で選んでスピーチさせる（技法a）
・聞き手に，スピーチへのコメントを促す（技法b）

授業は次のステージを踏む。

(1) まず，原稿を作りそれを見ながらグループ内でスピーチをする期間を設ける（授業4回分）。人前で英語を話す経験を持たせるためである。

(2) 次に，「思考マップ」を描き，それを見ながら，グループ内（4人）で1分間のスピーチする期間を設ける（原稿は作らせない）。「思考マップ」はスピーチの見取り図である（詳しくは，CHAPTER2の活動例14，p.68を参照）。**スピーチのトピックはその週のテキストの中の3つから自分で話したいものを選ぶ**（例：「季節」「スポーツ」「尊敬する人」から1つ）（技法a）。全員のスピーチが終わると，「思考マップ」のシートをグループ内でぐるぐる回し，**リスナーは余白にスピーチへのコメントを書く**（技法b）。スピーカーは後でコメントを読む。

(3) 最後のステージでは「思考マップ」は作らずに，即興で1分間話す。

　以上である。仲間からのコメントの内容は，内容の面白さを称えたり励ましたりする言葉が多い。それによって「また話したい」「もっとうまく話したい」という気持ちが生まれ，この活動の意義を感じるようである。

> **学習者の学び**
>
> 　話したいことを選んで話し，それに仲間からコメントをもらうことでさらにがんばって学びに向かう（主体的な学び：興味・関心）

4　授業技法例

　本書では，興味・関心をキーワードに主体的な学びを引き出そうとする授業技法を，表の通り紹介している。

授業技法	活動例のページ
・面白い作品を作るタスクに取り組む中で，目標表現を繰り返し使わせる	活動例1，p.36
・予想してからインタビューすることによって，相手への関心を深めさせる	活動例2，p.38
・生徒が自分で選んで出題し合う単語テストによって，単語の難易度を主体的に判断させる	活動例3，p.42
・単語のクイズを解き，作る活動によって，主体的な辞書引きを行わせる	活動例4，p.44
・分析の視点を提示し，入試問題を生徒の手で分析させる	活動例5，p.46
・高難度でチャレンジしたくなるようなタスクを提示する	活動例6，p.48
・活動に変化を持たせて，興味を持続させる ・ターゲットへの気づきを促す	活動例7，p.50

（柳井智彦）

Strategy 2 価値あるゴールの共有

1 指導ストラテジーの解説

> 生徒が価値あると感じるゴールを設定し，見通しを共有する

　まず，教師は単元の開始時点で，単元の終わりに生徒が到達したいと思うような姿を明確に示す。その上で，ゴールに至る1時間1時間の授業でどのような活動を積み重ね，力を付けていくべきかという計画を生徒に理解させる。そうすることにより，生徒は具体的なめあてに向かって，主体的に動く。

2 関連する理論研究

　中谷（2013）には目標の種類（熟達目標〈わかるようになりたい〉と遂行目標〈他者よりうまく〉）や設定の仕方（具体性や近接性）に関する知見がまとめられている。Dörnyei（2001，邦訳2005）は，教室目標と個々の学習活動の関連を生徒が理解していない場合があると述べ，そこをよく説明し共有する必要性を指摘している。

　目標を具体的で小刻みなステップに分けることの効果は Bandura and Schunk（1981）の著名な実験が示している。その実験では，算数の計算を練習する課題で，短期間ごとに小分けした分量の問題を解くことを目標とした群が，長期間ですべてを終えることを目標とした群よりも，計算技能，自己効力感，内発的な興味について顕著に上回る結果を出した。

3 授業での活用法

・単元の終わりに目指す具体的な姿（ゴール）とそこに至るステップを
　図式化して提示する（技法 a）

　中学校1年生1学期の例である。ここでは，学期末PTAの授業参観で目
指す具体的な姿をゴールとして設定している。この単元のゴールと学習計画
は下の図の通りである。この例では5月から7月初めの約2か月間で，教科
書の1課から3課までを1つの単元として構成している。

自己紹介で目指す姿

Hello. I am Ken Tatsukawa.
I am from Yufuin.
I like baseball.
I am a Softbank Hawks fan.
But I don't play baseball well.
I like music and I play the guitar every day.
Thank you.

Oh, me too.

Pardon?

Really?

OK. You are Ken Tatsukawa, and you are from Yufuin.
You like baseball, and you are a Softbank Hawks fan.
But you don't play baseball well.
You like music and you play the guitar every day.

1　名前，出身校，好きなスポーツが言えるようになろう。 I am Ken Tatsukawa. I am from Yufuin. I am a baseball fan. You are Ken. You are from Yufuin. You are a baseball fan.	Lesson 1 I am／You are／Are you～?／ I am not
2　ペットや持ち物について言えるようになろう。 This is my dog. He is ～. She is ～.	Let's Talk 1 I'm sorry.
3　自己紹介を聞きながら，相づちを打てるようになろう。 Really?／Pardon?／Me, too.／You are ～.／That is ～.／What is that?	Lesson 2 This is／That is／This is not／ What is／He is／She is
4　好きな物，持っている物などについて言えるようになろう。 I like baseball. I don't like soccer. You like baseball. You don't like soccer.	Let's Talk 2 What time ～?
5　いつもすることと時々すること，日曜日にすることを言えるようになろう。 usually／sometimes／on Sunday	Lesson 3 I play／Do you play／ I do not play／What do you play
6　2つの文を and または but でつないでみよう。 ・意味のつながりのある肯定文どうしを and で ・肯定文と否定文を but で	Let's Talk 3 Where is ～?

　be 動詞と一般動詞を含む7つ以上の文で，名前，出身校，好きなこと，毎日すること
と週末にすることなどについて自己紹介をすることができる。
　また，聞き手は相手の言った自己紹介を相づちを打ちながら聞き取り，その内容を英語
でまとめて言うことができる。

　このような単元計画表は拡大コピーして教室に掲示するか，生徒一人一人のノートに貼らせるようにして常にゴールを意識させるようにする（技法a）。生徒は自分（たち）が目指すゴールイメージを図式として常に意識するとともに，毎時間の授業で付けるべき力をも明確に自覚することができる。毎時間の学習活動に対する取り組みも自然に主体的なものとなる。

　以上のような手順を踏むことによって，生徒には次のような学びが生まれる。

> **学習者の学び**
>
> 　ゴールと到達計画の関連を図式で理解することで，見通しを持って学習する（主体的な学び：見通しを持つ）

　上のようなゴール設定と見通しのモデルを教師が見せることによって，やがては生徒自身によるゴールの設定が期待できる。

4　授業技法例

　小学校の実践も含んだ授業技法の例は表の通りである。

授業技法	活動例のページ
・単元のゴールを明確にし，そこに至る毎時間の目標を生徒と共有する（中学校）	活動例8，p.52
・単元のゴールを明確にし，そこに至る毎時間の目標を児童と共有する（小学校）	活動例9，p.54
・目標言語（項目，材料）の修得のために何が必要かを理解させる	活動例10，p.56

（立川研一）

Strategy 3 粘り強さをサポート

1 指導ストラテジーの解説

> 粘り強い学習を実現する手段（自己調整の方法や支援ツール）を教師は提供する

　単語を覚える，音読を繰り返すなど，英語の学習には粘り強さが必要になる。粘り強さには「勉強の工夫」が大いに関係する。たとえば，100の単語を覚えるのに，30語ずつに分け，達成したい日を計画するといった工夫である。教師の役割は，生徒が自ら粘り強く学んでいくための手段・方法を知らせることである。

2 関連する理論研究

　粘り強さ（perseverance, persistence）は，心理学的にはある課題に取り組んでいる時間の長さとして現れる（Jakobovits, 1970；鹿毛，2013）。その粘り強さには，目標設定，興味，勉強の工夫など「動機づけ」のあらゆる側面が関わっているといってよいであろう。

　このうち学習上の工夫は「学習方略」として英語教育で研究が進んでおり，たとえば小嶋・尾関・廣森（編）（2010）は，学習者の視点に立って，効率的・自律的な学習の方略を探究している。一方，目標に向かって学習者がどのように自身を動機づけし，学習を効率的に粘り強く行うのかを教育心理学的に究明していく分野は「自己調整学習」として知られている。自己調整学習研究会（編）（2012）には，英語教育を含む教科の自己調整学習の理論が日本の実践にも言及しながらまとめられている。

3 授業での活用法

たとえば，次のような技法を用いると，生徒は粘り強く課題に取り組む。

> **授業技法の例**
> ・課題の困難度を自分で調整できる教材を用意する（技法a）
> ・仲間と組んで挑戦させる（技法b）

パソコン画面の絵を見て，素早く描写する活動である。

(1) まずは個人で練習する。絵では5人の人物が動作をしている。それぞれ
を英語1文で言う（例：A man is waving his hand.）。初めは自分の言葉
で表現するが，解答例が示された後は，それが言えるようにする。制限時
間がある。それが棒のタイマーで見せられるので，緊迫する（次ページの
図を参照）。

(2) 次に，ペアになる。1つのパソコンの画面を2人で見て行う。1文ずつ
交代で言い，既定の制限時間で言えるように練習する。言えるようになっ
たら，2人で相談して**パワーポイントの設定を操作し，制限時間をより短
くする**（技法a）。クリアできればさらに短くして，限界まで挑戦する。
ペアでのチャレンジ（技法b）は，1人での練習の時よりもはるかにエキ
サイトする。

なお，棒タイマーはパワーポイントで作成できる（詳細はマイクロソフト
のサイト［https://support.office.com/]）。以上のような活動は学習者に次
のような学びを育むことができるであろう。

> **学習者の学び**
> 困難度を自己調整しながら学びを持続する
> （主体的な学び：粘り強く取り組む）

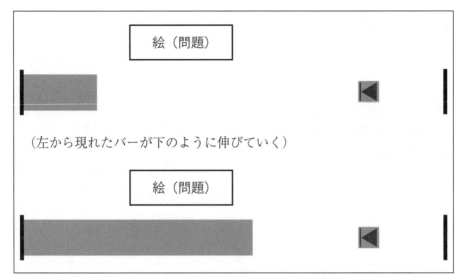

棒タイマー

4 授業技法例

「粘り強さをサポート」するために，次のような授業技法を紹介している。

授業技法	活動例のページ
・be 動詞を使って直訳すると誤りになる時，「誰がどうするのか」という状況を考えさせる	活動例11，p.60
・図表を参照させて正誤を推論させる	活動例12，p.64
・作文の正しさを点検できるツール（図表）を作り，活用させる	活動例13，p.66
・考えを容易に図解できる方法を示す ・図の中のキーワード（名詞）を，文中の異なる位置（主語，目的語など）で使う練習をさせる	活動例14，p.68
・ツール（ストップウオッチや本物の英語）を活用して，モデルと同じになるまで挑戦させる	活動例15，p.72

（柳井智彦）

Strategy 4　振り返りの可視化

1　指導ストラテジーの解説

> 教師は，生徒の振り返りを可視化して，次につなげさせる

　学習活動が終わった後，何がわかったか，何ができるようになったか，まだできていないことは何か，などをまとめ振り返ることは，次の学習につなげさせるために重要である。ポイントの1つは，学習者が自分の振り返りの履歴を一覧して見られることである。自分の変化や自己調整が長いスパンで見渡せることは学びへの主体性を育む。

2　関連する理論研究

　振り返りについては「学習ストラテジー」の研究において「自己モニタリング」「自己評価」という方略として取り組まれており（Oxford, 1990），また，「自己調整学習」の理論では「予見―遂行―自己内省（self-reflection）」というサイクルの中に位置づけられている（Zimmerman, 2002）。

　振り返りが持つ効果については，たとえば二宮（2015）は，日本語教育の授業において1回目の発表と2回目の発表の間に自己内省活動（振り返り）を設けた継続的取り組みによって，認知面，情意面で効果があったことを報告している。合田・奥田（2009）は，大学初年次の英語eラーニングの授業において，自己内省活動として「学習記録シート」（Can-Doリストや確認問題等が含まれる）を活用させ，振り返りに必要な自己モニタリングを支援している。

　また，伊藤（2009）の調査では，小学生に勉強のやる気が上がった時と下

がった時及びその時の工夫について振り返りを何度か行わせて，持続性（粘り強さ）等との関係を明らかにしている。

3 授業での活用法

次のような方法で，振り返りを可視化し，次につなげる。

> **授業技法の例**
> ・活動の直後にワークシートに一言メモを書かせて振り返らせる（技法ａ）
> ・本時の活動の前に，前時のワークシートを見て，振り返らせる（技法ｂ）
> ・時には自分のパフォーマンスの映像・音声で振り返らせる（技法ｃ）

1分間スピーチを練習するクラスでの実践である。「思考マップ」（CHAPTER 2活動例14，p.68参照）を見ながら，グループ内でスピーチを発表する。その時，スピーチを始める前にマップのシート（B5）の余白に「今日の目標・意気込み」を書かせる。**スピーチが終わると「振り返り」を一言メモで書かせる**（技法ａ）。

時には，スピーチの様子をスマートフォンで仲間に撮ってもらいそれを見ながら振り返らせる（技法ｃ）。

さらに次の時間，スピーチを始める前に，教師は前時のワークシートを返却し，読ませた後，今日のスピーチへと向かわせる（技法ｂ）。

次ページに示したのは3名の学習者の振り返りメモである。3回分の連続した授業で書いたものである。

> **学習者の学び**
> 累積的に振り返りを見ると，次へのつなぎ方がわかる
> 　　　　　　　　（主体的な学び：振り返って次につなげる）

	○月△日の振り返り	○月△日の振り返り	○月△日の振り返り （スマホでモニター）
学生a	もう少し長く話したい。	1分間話せた!!	いつもより長く続けられて良かった。長く続けるためには「お気に入りのスポーツ」でも2つあげれば良いと思った。
学生b	内容がいっぱいあったと思ったが時間に合ってなく時間が余ってしまった。	時間いっぱい話せたが詰まったりしたので自信を持って言いたい。	全然準備できていなかったが，思っていた以上に話せていた。成果が少しでているると感じた。
学生c	時間いっぱいは言えた。表現はうまくできなかった。	話したいことは話せた!!	文章的には言えていない。つまずいている部分がまだまだあって，動作を使ってどうにか伝えようとしている感じである。

3回分の振り返りメモ

　なお，以上の方法ではつなげられるのは前時と本時だけである。下の授業技法例のように，1単元全体の履歴が見られるようなシートを準備することが望ましい。

4　授業技法例

授業技法	活動例のページ
・ペアの会話を第三者に記録させる ・ホワイトボードで振り返りを可視化させる ・上手なペアの発表を見て振り返り，次につなげる	活動例16，p.74
・1単元（4時間分）の振り返りを1シートに収めて，振り返りが次の時間につながるようにする	活動例17，p.76
・1単元分の振り返りを教師が時系列に見ることによって指導計画を調整する	活動例18，p.78

（柳井智彦）

Strategy 5　対話をプロモート

1　指導ストラテジーの解説

> 対話によってより多様な考えやより妥当な考えを追究できるように，教師は環境を設定する

　対話による学びは，1人で行う学びにはないメリットがある。それは，1人では思いつかない考えを得たり，対話を通して考えがより妥当なものへとブラッシュアップされたりすることである。教師の役割は工夫を凝らして，対話をプロモートするための環境づくりを行うことである。

2　関連する理論研究

　生徒と生徒が対話して学び合うやり方は「ピア・ラーニング」と呼ばれる。中谷・伊藤（2013）のガイドブックには，ピアは教師とは異なって同じレベルに立つので学びやすいなど興味深い示唆が述べられている。
　山本（2010）の実践は，ピアとの対話による学びが高校生の英作文を言語的にも内容の創造性の点でも向上させたことを数値で示している。また，池田・舘岡（2007）は，日本語の作文及び読解において，対話による他者からのフィードバック（質問やコメント）が自分の考えの再吟味や多様な視点への気づき，思考の整理などを促すことを質的に証明している。

3　授業での活用法

　次のような技法によって，教師は対話的な学びをプロモートできる。

> **授業技法の例**
>
> ・対話したいと思うようなタスクを用意する（技法 a）
> ・他者の考えや発表を聞く機会を作る（技法 b）

　例として，4コマの絵を見てストーリーを作り，話す活動をとりあげる。次のようにタスクを設定しペア活動を行ったところ，対話が熱を帯びた。

(1)　4コマ目の絵をかくす。4コマ目はペアの2人ともが絵を想像し，話す（技法 a）。（残りのコマは分担する）

(2)　作ったストーリーは，後で**別のペアの人たちに向けて発表する**（技法 b）。
　発表に向けて，ペアでの対話（話し合い）が盛んになった。1～3コマ目の英文は大丈夫か，4コマ目はどうしたら面白くなるかなど熱心に話し合う声が聞こえてくる。授業後のアンケートの感想を紹介する。

【ペア内での対話について】
・自分の思いつかないような単語をパートナーの人が考えてくれて，よいものになった。

> 【他のペアの発表を聞いて：多様な考えへの気づき】
> ・自分が言っていた箇所を，簡単な文章で話せていた。
> ・due to ～とか，私たちのところでは出なかったのですごい。
> 【他のペアの発表を聞いて：自分の考えの妥当性の検討】
> ・自分たちと似た表現も多く，また自分たちが使っていない表現もあった。

この授業活動は学習者に次のような学びを育むことができるであろう。

> **学習者の学び**
>
> 仲間の考えや発表を聞いて，ブラッシュアップする（対話的な学び）

4 授業技法例

「対話をプロモート」という指導ストラテジーに基づいて，本書では次のような授業技法を実際の授業場面とともに紹介している。

授業技法	活動例のページ
・グループでの対話をスムーズにする用具を与える ・クラスで発表させて，より妥当な考えをシェアさせる	活動例19，p.80
・相手が本文を見ないで自分の音読をリピートするというやり方で，自分の音読や聞き取りの妥当性を判断させる	活動例20，p.82
・グループで練り合ったスピーチを，1人ずつ他のグループで発表させる	活動例21，p.84
・難易度の異なる2種類の学習プリントを用いて，協働的なプリント学習を実現する	活動例22，p.86
・全員がグループのリーダーとなる機会を与える ・「Thank you Note」で他者を尊重する態度を育てる	活動例23，p.88

（柳井智彦）

③ 深い学びを促す指導ストラテジー

Strategy
6 覚え方のアレンジを支援

1 指導ストラテジーの解説

> 情報を付加したり，まとめたりすることで学習が効率的になることを学ばせる

「深い学び」の一側面は，「既習のものも含めて習得した概念（知識）を相互に関連付けてより深く理解」すること（『中学校学習指導要領解説　外国語編』，2017）である。知識を関連付けると，心理学的には「深い処理」が行われる。たとえば，単語をそれが使われる場面と関連付けて覚えると，処理が深くなり，よく記憶に残る。関連付けには２種類がある。「他の情報を付け加えること（精緻化)」と「学習事項をまとめ整理すること（体制化)」である。

2 関連する理論研究

記憶するためには，ただ繰り返して暗記する（「リハーサル」という）だけではなく，概念（知識）を関連付ける精緻化（elaboration）や体制化（organization）が有効である。その詳細は辰野（1997）や豊田（2016）にまとめられている。精緻化や体制化は深い処理を伴う。処理の深さ（depth of processing）が記憶と関連することは Craik and Tulving（1975）の著名な実験で提案されたが，さらに Rogers, Kuiper, and Kirker（1977）は，「自分のことと結び付ける」ことによって精緻化することでより深い処理が促されると主張した（「自己関連付け効果」〈self-reference effect〉という)。

自己関連付けの効果をめぐってはその後さまざまな議論がなされたが（詳

細は堀内［1998］参照），英語教育では，なぜ「自己表現活動」を行うことが必要であるかという根拠の1つにもなりうる（田中・田中，2003）。

3 授業での活用法

　ここでは，英語の表現に自分の思いや経験を関連付けていくやり方を述べる。

<blockquote>
授業技法の例

・自分のことと関連させてテキストの表現例を学習させる（技法a）
・実際の自己表現活動を行わせることによって，自己と表現を関連付けることの有効性を理解させる（技法b）
</blockquote>

　以下のステップを踏む。ゴールは即興の1分間スピーチができるようになることである。

(1) 宿題（予習）として，次の時間で扱うトピック（「買い物」など）に関する質問（例：Are you a careful shopper?）に**2文で自分のことを表す答えを書いてくる**（トピックや質問は複数ある）。**その際，教科書の表現例を大いに参照してよい**（技法a）。

(2) 次の時間には宿題にあった質問を尋ね合う会話活動を必ず行う。1分間は同じ相手と会話し，その後は相手を変えて行う。会話中，宿題で自分の答えを書いている紙はちらっと見てもよい。

(3) 同様に，宿題で扱ったトピックに関して，**グループ内で1分間スピーチを行う。この時も宿題の作文（テキストの表現と自分のことを関連付けた文）を参照しながら活動する**（技法b）。

　学習者の感想である。

- ・（宿題の）質問で答えたことが，次の時間のスピーチの時に使える場面もあったから，おかげでスラスラ話すことができました。

・宿題をすることで，その授業でやる内容をより深く理解することができたため，スピーチする時にも役立ちました。

学習者の学び

　テキストの英語表現を自分のことと関連させて作文し，それを自己表現の場で使うことによって，使える英語に近づく

　　　　　　　　　（深い学び：知識を相互に関連付ける）

4　授業技法例

授業技法	活動例のページ
・単語を覚えやすくするアイデアを出し合う場を設定する	活動例24，p.90
・ある形（過去形）から別の形（原形）を類推する活動を通して，2つの形の関連を印象付ける	活動例25，p.92
・作文するメッセージに関連する単語を集める活動を設定する	活動例26，p.94
・アルファベットを形で仲間分けする方法を出し合って，文字を覚えやすくする	活動例27，p.96
・分類作業のためのモノ（カード）と手順を準備する ・他者のやり方と比較する機会を設ける ・分類活動を通じて覚えやすい方法に気づかせる	活動例28，p.98
・同じグループの英文（疑問文）の差異（文頭が Does, Is, Can）を考える課題を提示する ・整理できた知識を発表する機会を設ける	活動例29，p.100

（柳井智彦）

Strategy 7　深化させる問い・課題の提示

1　指導ストラテジーの解説

> 　教師は，生徒がもっと調べもっと考えて，学びを変容させていくような問いや課題を提示する

　「深い学び」は「情報を精査して考えを形成」することによっても促進される（『中学校学習指導要領解説　外国語編』，2017）。たとえば，教師が出す良質の読み取り発問や探究課題は，本文や辞書・ネット情報などの精査を促す。精査を通じて学びは向上的に変容する。なお，学習者自身から出てくる問いや課題については，次の Strategy 8 で論じる。

2　関連する理論研究

　発問に関する基本的タイプ（閉じた発問／開いた発問，事実発問／推論発問など）の知識や応用例は田中・田中（2018）や Chaudron（1988）に詳しい。築道（1991）は，ある教科書教材（「Mujina」）に関して指導言（発問や指示）の有効性を追求した研究である。また，柳井（1990）は，発問の中に次のような言葉を含めると考えやすくなり，情報の精査が進むと提案している―物，人，場所，数，色，音（例：「この場面からどんな音が聞こえますか」という推論発問）。山本（2016）は，「『問い』から始まる授業」として，「Big Question」を問いかける例（マンデラ大統領を扱う教材に関連して "What do you want to change to make the world a better place?" と問う）を紹介している。

3 授業での活用法

次のような問いによって，学習者ははっとし，より深い学習に向かう。

> **授業技法の例**
> ・理解が浅いことに気づかせるような問いを発する（技法 a）

前時の復習として，下にある問題に取り組ませた。前時には，４コマの絵を見てストーリーを話す練習を行っており，テキスト（旺文社，2011）の模範解答を学習済みである。下の問題は模範解答の文章から抜粋したものである。下線部には「話した」の意味を表す動詞が入る。

○下線部に英語を入れなさい。１語とは限りません。

(1) One day, a woman _____ her parents.

(2) She _____ she had been followed by a man.

(3) They _____ the police officer to put a patrol on the street at night.

(4) They（local residents）_____ the problem of safety in the community.

(5) A man _____ they should organize a citizens' patrol.

【解答】 (1) was talking to (2) told them（that） (3) asked (4) discussed (5) suggested】

学習者（大学１年）は不意を突かれた表情であった。**先週やったばかりの文章なのに，said 以外の動詞が曖昧**なようである（技法 a）。彼らが今から辞書などの情報を精査してより深い学びに向かう素地は整った。

もう１例紹介する。「難問」が学びに向かわせる例である。対話文（省略）があり，その中の空所（11か所）に次の語句を適切に入れよという問題である（Mackin and Seidl, 1979, より）。

① can　② could　③ may　④ may have　⑤ may have had
⑥ might　⑦ might be　⑧ might have　⑨ perhaps　⑩ possible
⑪ possibly

　難問である。そこで最初の5つの空所を埋めたら，とりあえず教卓に見せに来るように言った。ぽつりぽつりと持ってくる。教師は5つのうち1つでも誤りがあれば考え直すように言う。ただし，**どこが誤りなのかは教えない**（技法a）。全問正解者はなかなか現れない。2回目，3回目を見せに来るが逆に誤りが増える者もいる。教室に熱気がこもる。辞書を繰る音が増える。

　5問正解者が現れた。満面の笑顔である。残りの空所に取り掛かるように言う。席に戻る姿に称賛の目が集まる。

　この授業中，教師はずっとただ正解かどうかを告げるだけである。

学習者の学び
答を探す中で，理解の浅さに気づき，より深い学びに向かう （深い学び：問い・課題で深化させる）

4　授業技法例

授業技法	活動例のページ
・適切な訳文を考えさせて文の深い意味を読み取らせる ・文に込められた思いを理解して音読させる	活動例30，p.102
・説明がより詳しく興味深くなるように，1文を追加させる	活動例31，p.104
・3人称の主人公の文の主語を「I」に変えて音読させ感情移入させる ・主人公のメッセージを想像し，「I」を主語にして書かせる	活動例32，p.106

（柳井智彦）

Strategy 8 仲間との問題解決を促進

1 指導ストラテジーの解説

> 仲間との協働によって情報の精査や問題の解決が進展する仕組みを作る

　「深い学び」のより高次の段階は，情報を精査した上で問題の解決を試みることである（『中学校学習指導要領解説　総則編』，2017）。問題（課題）は教師が提案する場合もあるが，学習者が疑問に思い解決したいと思う場合（自分の英語の表現は正しいか，など）もある。また，チームの仲間と協働・対話してベターな問題解決を試みようとする活動は，まさに「主体的・対話的で深い学び」となりうる。

2 関連する理論研究

　他者と考えながら学ぶことの意義を心理学的背景から論じているのが三宅・東京大学 CoREF・河合塾（2016）である。同書は「協調学習」の実現方法として「知識構成型ジグソー法」を使っており，英語授業の実践例では生徒の逐語記録も含めたジグソー活動の様子が描かれている。ジグソー法とはパズル（情報）のピースを仲間が持ち寄り，説明し，皆でうまく組み合わせると全体像が見えるという学びの方法であるが，それが生まれた社会的背景や考え方は，考案者であるアロンソンの著書に詳しい（Aronson and Patnoe, 2011, 邦訳2016）。また，「協同学習」という学び合いの考え方と実践的工夫は杉江（2011）に説明されている。

　日本語教育においては，池田・舘岡（2007）が「協働」による学びの理論

と方法を示している。同書の1つの章は「ピア・レスポンス」に充ててあり，作文の推敲のために学習者同士が書き手と読み手の立場を交替させながら検討する方法が詳しく書かれている。

3 授業での活用法

以下に述べる方法（「ヘルプ・レスポンス活動」）は上記のストラテジーをスピーチ・作文の授業で実践化した例である。この例では，教師は次のような技法によって，仲間との対話を通した問題解決を促進させている。

授業技法の例

・自分の英文について，仲間からの助言（ヘルプ）がほしい箇所を自ら申告させる（技法 a ）
・助言を求める箇所は2つだけに限定させる（技法 b ）
・助言を聞いた後，最終的には自分で解決策を決めさせる（技法 c ）

学習者は，まずグループ内で1分間のスピーチを行う。次に，話した内容をあらためて英語で書く。この過程で，話した時にあいまいであった文法や英語で表現しにくかった部分に気づいてくる。そこで，次の手順で「ヘルプ・レスポンス活動」を行わせる（以下は，やり方を説明したプリントより）。

---

(1) 書き手は，自分の英文について，自信がない箇所に下線を引く（最大2か所）。「①，②」のように番号を振る（技法 a ，技法 b ）。

(例) I born in ①the small town in Oita. There are about 10000 peoples. Young people move big cities, example, Beppu. ②I want to work Beppu around a company.

(2) 次に，「Help!」の所に，グループのメンバーに意見を聞きたい内容を書く。

(例)《Help!》

---

① the か a かわからないので，教えて。

② 「別府あたりの会社で働く」と言いたいのだけど，これでいい？

(3)　4 人のメンバーは自分の Help! 欄を書き終わったら，シートをメンバー内でぐるぐると回す。

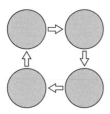

(4)　シートが回ってきたら，他者の Help! に対する自分の考えを，Response の所に書く。匿名でもよい。

（例）《Response》

　（田中）① the だと思う（直感だけど）

　　　　　② work Beppu near company はどうでしょう。

　（匿名）①どちらも使えるのでは？

　　　　　②わかりません。

　（田中）① a かなあ。

　　　　　② work a company of Beppu がいいと思います。

(5)　自分のシートが戻ってくる。メンバーからの Response を読む。

(6)　メンバーからの Response を参考にして，**最後は「自分の結論とその理由」**を，《My Conclusion》として書く（技法 c）。

授業での実際の例を 2 つ紹介する。

【実例 1】

（元の文）

　…More and more I listened to old songs, less and less I listened new songs. …

《Help!》
　構文の使い方と意味は合っていますかね。
《Response》
　（A さん）more and more 構文？
　　　　　　The more I listened to old songs, the more lesser I
　　　　　　listened to new songs. ??
　（B さん）The more ～ the less でよい。
　（C さん）上記（B さん）の通り。
《My Conclusion》
　それだ！　The more ～, the less ～. になおします。

　この例では，A さんの（誤りを含んだ）レスポンスに触発されて，B さん
が正しい構文を助言し，C さんが追認している。書き手の結論も正しく修正
された。

【実例2】

（元の文）
I have two home town. Because, I moved <u>at</u> elementary school. …
《Help!》
　これ at でいいと思いますか？
《Response》
　（A さん）わからないけど，小学校に引っ越したみたい…
　（B さん）たしかに，「小学校<u>で</u>」って意味になっちゃいそう。何にし
　　　　　　たらいいんだろう（笑）
　（C さん）難しい悩みだね。
《My Conclusion》
I moved when I was 12.（ネットで調べたら，そのような例文があった）

　この例では，仲間のレスポンスは「何かが変な気がする」というもので，代案は示されていない。書き手はその「変な気」を尊重し，その場でネットの力も借りて，自力の修正案にたどり着いている。

　「ヘルプ・レスポンス活動」を続けると，次のような感想が出てくる。

・他の人の意見を取り入れることによって，<u>深く考える</u>ことができました。
・<u>自分の疑問が解決されたり</u>，新たな発見や知識を得ることができる。
・他の人の表現を HELP する時に<u>自分の力も伸ばせた</u>のではないかと思う。
・<u>相手の役に立ちたいと</u>必死に英語と向き合う機会ができました。
・2人の意見を参考に（relax を使うことにした）！　<u>ありがとう！</u>(^^)！

> **学習者の学び**
>
> 　解決したい問題を自分で決め，仲間の意見を聞きながら，最終的には自分で解決を図る（深い学び：情報を精査し解決策を考える）

　以上の実践は大学生を対象としている。中学生を対象とした例は本書CHAPTER2の活動例35，p.112を参照されたい。

4　授業技法例

授業技法	活動例のページ
・まず同じ課題の者同士で精査し，次に異なる課題の者に対して発表させ解決案の妥当性を検討させる	活動例33，p.108
・他のグループが納得するような問題解決策が提案できるように仲間で考えを練り上げさせる	活動例34，p.110
・他者が求めてきた援助に応えようとする中で，人に役立とうとする心を育み，自身の力も伸長させる	活動例35，p.112

（柳井智彦）

CHAPTER
2

指導ストラテジーを活用した授業技法と活動例 35

活動例 1 ターゲットを使って面白い作品を作る

1 この活動の授業技法

> ・面白い作品を作るタスクに取り組む中で，目標表現を繰り返し使わせ
> る 　　　　　　　　　　　　　　　　　　　　　　　（技法1－1）

2 授業場面と指導のねらい

　中学校2年生で英語の「大喜利」を行った。「お題」を与え，基本文を使ってネタを考えさせる中で，文法を定着させることをねらった。

3 指導の実際

　be going to を学習した授業の後半に，スクリーンに以下の「お題」を提示する。イラストも添える。

（指示） この「お題」の答えになるのび太のセリフを be going to を使って考えなさい。

宇宙人が地球にやってきた！
のび太がこれからの予定を教えると，
宇宙人は急いで逃げて行った
何と言った？

　まず，5分間個人で考えさせた後，次の説明をする。

（説明） 次の時間，4人グループになり，考えてきたアイデアをグループの中で発表します。その中で面白い作品を1つ以上選び，クラスで発

表します。

残りは宿題として家でゆっくり考えさせる。**面白いネタを考えるために，目標表現を何度も頭の中で反芻させる**（技法１－１）わけである。

次の授業で次の指示をする。

（指示）４人グループになり，英語で大喜利をします。終わったらグループ代表の面白い作品を１つ以上選んでください。

グループになり「英語ＤＥ大喜利」が始まる。全員の発表が終わった後，各グループ代表を決めさせた。その際，さらに面白くなるように，グループで話し合ってネタを修正してもよいこととした。完成した作品は，クラス全体で発表させた。以下に生徒の作品を示す。

・ジャイアン is going to sing songs.
・Your mother is going to come here.

なお，その他の「お題」の例を以下に示す。

「こんなドラキュラは嫌だ！血が飲めない，ニンニクが好き，○○が好き！」
「寝坊して慌てているのび太，『○○が〜しています』と言って安心させて！」

4 指導のポイント

「活用することによる基礎の定着」をねらわせる。目標文を何度も頭の中で反芻させ聞く人が面白いと思うネタを考える中で，目標文は活用され定着していく。文法よりもネタに注目させることで生徒は自然と文法を使って主体的に表現するようになる（**【主体的な学び：興味・関心】**）。　　（小川乃正）

活動例 2 　相手の答えを予想すると関心が高まる（小学校・中学校）

1　この活動の授業技法

・予想してからインタビューすることによって，相手への関心を深めさ
　せる　　　　　　　　　　　　　　　　　　　　　　（技法1－2）

2　授業場面と指導のねらい

　小学校と中学校で，それぞれインタビュー活動を行った。その際，児童・
生徒が意欲的に活動するように，相手の答えを予想してからインタビューす
るようにさせた。予想させるという方法は，大鐘（1996）が提案している。

3　指導の実際

(1)　小学校外国語活動での実践
　気分を表す表現に慣れ親しませるため，インタビューゲームを行った。

（指示）Let's play 気分インタビューゲーム .
Write your partner's name.
Guess the partner's feeling. Happy? Hungry? Sleepy? Draw a circle.
Ask, "How are you? " to your partner. Please answer, "I'm ○○ ."

　様子を見て，必要な児童に支援しながら，以下の手順で作業を進めさせた。
①ワークシートに隣の友達の名前を書かせる，②隣の友達の様子を見て気分
を予想し，1つに○を付けさせる（技法1－2），③用意ができたら向かい

合わせてそれぞれ気分を尋ねるインタビューをさせる，④インタビューの結果を枠の中に書かせ，予想と比べさせる，⑤ペアでインタビューできたら，次の枠に別の友達の名前を書かせ，さらにインタビューさせる。

　2回目のインタビューの時には，「普段あまりお話しない友達にインタビューしてみよう。」「男子にインタビューしたら，次は女子にインタビューしてみよう。」と声かけをした。児童は，新しいペアを見つけると，互いに顔を覗き込み，ワークシートに予想を書き込んでいた。相手の気持ちを聞くと，予想と合っていても違っていても，歓声が上がったり飛び上がったりして喜ぶ姿が見られた。

　振り返りでは，「予想が2連続で当たったのでとてもうれしかったです。」「○○さんと同じ気分でハングリーでした。」「友達のことをわかるのは難しいんだなと思いました。」「いろんな人とインタビューゲームをやれて良かったです。」などの感想が出された。予想が外れるとショックなのかと心配していたが，「最初の予想が外れて，また外れたけど，最後にALTの先生がハッピーだったのでうれしかったです。」という天使のような感想も聞かれ，担任としてうれしいことであった。

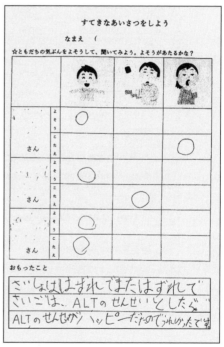

(2)　中学校英語科での実践

　比較級と最上級を学習した後のペア活動である。まず次のワークシートを配付して，後の指示をした。

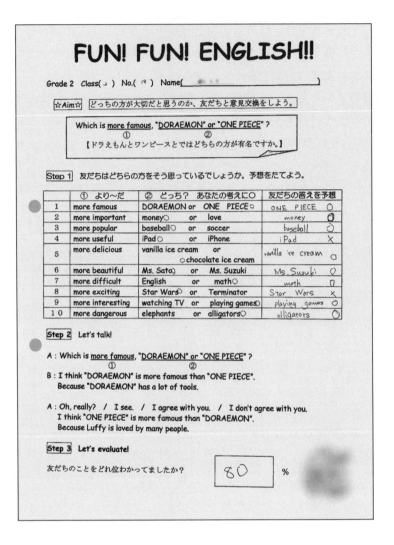

FUN! FUN! ENGLISH!!

Grade 2   Class(   )   No.(19)   Name(_____)

☆Aim☆ | どっちの方が大切だと思うのか、友だちと意見交換をしよう。

Which is more <u>famous</u>, "<u>DORAEMON</u>" or "<u>ONE PIECE</u>" ?
① ②
【ドラえもんとワンピースとではどちらの方が有名ですか。】

Step 1 | 友だちはどちらの方をそう思っているでしょうか。予想をたてよう。

	① より～だ	② どっち？ あなたの考えに○	友だちの答えを予想
1	more famous	DORAEMON or ONE PIECE○	ONE PIECE ○
2	more important	money○ or love	money ○
3	more popular	baseball○ or soccer	baseball ○
4	more useful	iPad ○ or iPhone	iPad X
5	more delicious	vanilla ice cream or ○chocolate ice cream	vanilla ice cream ○
6	more beautiful	Ms. Sato○ or Ms. Suzuki	Ms. Suzuki ○
7	more difficult	English or math○	math ○
8	more exciting	Star Wars○ or Terminator	Star Wars X
9	more interesting	watching TV or playing games○	playing games ○
10	more dangerous	elephants or alligators○	alligators ○

Step 2 | Let's talk!

A : Which is more <u>famous</u>, "<u>DORAEMON</u>" or "<u>ONE PIECE</u>" ?
① ②
B : I think "DORAEMON" is more famous than "ONE PIECE".
Because "DORAEMON" has a lot of tools.

A : Oh, really? / I see. / I agree with you. / I don't agree with you.
I think "ONE PIECE" is more famous than "DORAEMON".
Because Luffy is loved by many people.

Step 3 | Let's evaluate!

友だちのことをどれ位わかってましたか？ | 80 | %

(指示) Which is more famous / important / popular ...?   Draw circles. Then, guess your partner's answers, and ask, "Which is more ... to you, A or B?". How much do you know about your friends?

　ペアの友達の答えを予想させ，選択肢のどちらかを予想欄に記入させた（技法1－2）。準備ができたら，ペアで向き合ってじゃんけんをさせ，勝った方から英語で質問し合わせた。その際，アイコンタクトをしながら話すように指示をした。相手の答えが予想通りだったら〇，予想外だったら×を記入させた。10個の質問を終えたら，笑顔でハイタッチさせ，予想がいくつ当たったか，〇の個数を数えさせ，的中率（％）を記入させた。

　1回目のペア活動終了後，予想が当たったかどうかの結果を見ながら感想を出し合わせた。「80％当たった。」と言う生徒に「すごい！」と拍手が沸き上がったり，「あまり当たらなかったな。」というつぶやきがあったりして，互いの結果を楽しそうに話し合っていた。

　ペアを変えて，3回インタビューを行わせた。予想外の友達の考えを聞いて，「Why?（どうしてその映画が好きなの？）」という質問をした生徒は，「お父さんがその映画が好きだったから，よく一緒に見ていた。」という答えを聞き出すことができていた。友達の答えが予想通りでも，予想外でも，1つの質問から会話が広がる活動となった。

4　指導のポイント

　小学校でも中学校でも，朝の会で健康観察を行う。毎日のことなので慣れっこになっていて，隣に座っている友達の気分など気にしていないということはよくある。小学校におけるインタビュー活動では，改めて相手のことを意識させ，もっと相手のことを知りたいと思わせることができる活動となった。また，小学校でも中学校でも，児童・生徒はせっかく予想したのだから，結果を知りたくなる。そのことがしっかりと発話し，理由を聞く意欲にもつながった（**【主体的な学び：興味・関心】**）。中学校では，友達から聞き出した新しい情報を，書く活動につなげることもできた。

（江隈美佐・泊陽子）

活動例 3　自分で単語を選んで出題し合う小テスト

1　この活動の授業技法

・生徒が自分で選んで出題し合う単語テストによって，単語の難易度を
　主体的に判断させる　　　　　　　　　　　　　　　　　（技法１－３）

2　授業場面と指導のねらい

　中学校２年生で英単語100問テスト（スペリング・コンテスト。以下スペ
コン）を学期に一度，朝自習の時間に行っている。スペコンの１か月前から，
授業の始めに小テストをしようと考えた。受け身の姿勢にさせず，積極的に
小テストに取り組ませるために，生徒自身が問題を作り出題し合う「バトル
カード」形式にした。

3　指導の実際

　「対戦型！スペコン★バトルカード」を配付し，スクリーンにカードを提
示して次の指示をした。

（指示）まず出題者欄の（　　）のところに，自分の名前を書きなさい。①～⑤の▢▢▢▢の中に，スペコンの**100問の中から，友達が解けそうにないなと思う5問を選んで，日本語を書いてください**（技法1－3）。

生徒は難しい問題を作ろうと，一生懸命に取り組んだ。書き終わった後で，スクリーンにルールを提示する。

（説明）①全員立って対戦相手を見つけカードを交換します。②交換したら自分の席に戻り挑戦者欄に自分の名前を書きます。③全員対戦相手が見つかったら，先生の合図でスタート，1分以内で問題を解きます。④問題を解くのをやめたら，対戦相手にカードを渡し，お互い採点します。⑤採点が終わったら，対戦相手にカードをあげて，結果を「スペコン★バトルシート」に記録してください。

「スペコン★バトルシート」（本書では省略）も配付し，「日付」「対戦相手」「自分と相手の得点」「勝敗」「自分と相手が間違えた単語」を記入させた。

スペコン★バトルに取り組む前と，取り組んだ後での変化を見たところ，80点以上の生徒が15％増え，30点以下の生徒が4％減った。生徒からは，「『スペコン★バトル』は，負けたくない気持ちがあり，自然と勉強してしまう。」などの感想が聞かれた。

4　指導のポイント

5点満点取っても引き分けもあるし，3点取っても相手が2点なら勝ちになる。勝つために「間違えやすい単語」は何かなど生徒は主体的に考え，覚えるようになる。課題の内容を自己決定させ，対戦させることで，小テストも主体的な取り組みに変わる（**【主体的な学び：興味・関心】**）。

（小川乃正）

活動例 4　オリジナルなクイズを作るために 辞書を引く

1　この活動の授業技法

> ・単語のクイズを解き，作る活動によって，主体的な辞書引きを行わせ
> る　　　　　　　　　　　　　　　　　　　　　　　　　　（技法1-4）

2　授業場面と指導のねらい

　中学校1年生で主体的に辞書を活用できるようにするために「辞書引き探偵団」を行った。八代（1995）の追試である。グループで4つの単語の意味を調べ，その4つの単語から連想される「キーワード」を探し出す。さらに，自分たちでも問題を作り，グループやクラスで問題を出し合った。

3　指導の実際

　まずスクリーンに例題を提示した。

> **（指示）**① razor ② comb ③ mirror ④ scissors の4つの単語の意味を調べて，これらの単語から連想するキーワードを探し出してください。

　生徒は個人で英和辞典を使って調べ，「床屋」などの答えを思い浮かべることができた。続いて「辞書引き探偵団」のシートを配り，次の指示をした。

> **（指示）**今度は4人グループになり，協力してそれぞれの問題のキーワードを探し出してください。時間は15分です。

辞書引き探偵団	
① pigeon	① tide
② belly	② hood
③ sand	③ dragonfly
④ arm	④ wine
Answer	Answer

辞書引き探偵団（解答）	
① pigeon	① tide
鳩	潮
② belly	② hood
腹	ずきん・フード
③ sand	③ dragonfly
砂	トンボ
④ arm	④ wine
腕	ワイン
Answer	Answer
時計	赤

　生徒は7つの問題を手分けして，**辞書を引きながら熱心に取り組んだ**（技法1－4）。答え合わせの後，今度は「作ってみよう！　辞書引き探偵団」のシートを配り，次の指示をした。

（指示）次は君たちが問題を作る番です。**「和英辞典」を使って，「辞書引き探偵団」の問題を作ってみましょう**（技法1－4）。次の時間，グループの中で問題を出し合います。面白い作品は黒板に書いてクラスのみんなにも解いてもらいます。

　次の時間にグループで考えてきたものを出題し合った。面白い発想でいろいろな問題を考えてきていた。その中でも面白い作品は，黒板に書かせ，クラス全員で考えた。生徒の作品に① powder ② pond ③ lily ④ arc というものがあった。答えがおわかりだろうか？（答えは本ページ文末）

4　指導のポイント

　「辞書引き探偵団」を解かせることで「英和辞典」の必要性，「辞書引き探偵団」を作らせることで「和英辞典」の必要性を感じさせ，両方の辞書を主体的に活用（**【主体的な学び：興味・関心】**）させることができる。辞書使用を目的ではなく，手段にすることで生徒は主体的に活動できる。

　（生徒作品の答え：①粉②池③ユリ④弧＝小池百合子）　　　　　　（小川乃正）

過去問を自分で分析する

1 この活動の授業技法

・分析の視点を提示し，入試問題を生徒の手で分析させる（技法１－５）

2 授業場面と指導のねらい

　学習に主体的に取り組ませるためには，「やらされている学習」「与えられた学習」ではなく，「自ら目的や意義を考える学習」でなくてはならない。「先生がやれといったから」「先生が，ここが入試に出るといったから」などという理由ではなく，生徒が主体的に学習に取り組む指導方法を示す。

3 指導の実際

　過去５年間の入試問題について，以下の視点を与え，自分たちの手で分析に取り組ませた（技法１－５）。

　①　どんな文法を使わせようとしているか
　②　どんな単語を書かせようとしているか
　③　どんな英文を書かせようとしているか
　④　その他，何か気がついたことはないか
　⑤　今年は，何が出そうか

　これら５つの視点を与えた上で，過去５年分の公立高校入試問題に出題された語彙や，条件英作文の「解答」を一覧にしたものを示し，次のように指示をした。

月名		【2】で書く単語		【3】(1)4コマ漫画	
平成30年度	February	平成30年度 song	club	平成30年度 Can you show me?	
平成29年度	なし	平成29年度 teacher	basketball	平成29年度 Please bring a camera.	
平成28年度	January	平成28年度 station	problems	平成28年度 Let's go there together.	
平成27年度	November	平成27年度 peace	minutes	平成27年度 Do you have a bigger one?	
平成26年度	June	平成26年度 library	children	平成26年度 Which bus should (can) I take?	

（指示）まず，気づいたことを個人でメモしなさい。その後グループに
なって気づいたことを共有し，最後にグループの意見（分析内容）をク
ラスで発表してください（技法1－5）。

　生徒たちは互いの気づいたことをグループで共有する中で，これから自分
にどのような学習が必要なのかに気づくことができたようである。以下に生
徒の振り返り（感想）の一部を示す。

（生徒の感想）
・こうして，グループとかで話してみることによって，みんながみんな
　同じ考えではないので，違う視点から考えることができました。また，
　単語力もこれからもっと必要になるなあって思いました。
・今までは，何となく間違ったところを何度もやって勉強をしたけど，
　このように入試の分析などをして，やらないといけないところがしっ
　かり理解できたので，これから，1つ1つの単語を大切にして，助動
　詞などをしっかり勉強していきたいです。

4 指導のポイント

　視点に沿って，自分たちの手で過去問を分析させることで（**主体的な学
び：興味・関心**），課題やこれからするべきことについて関心を高め，より
主体的に学習しようとする意欲を持たせることができた。　　　　（小川乃正）

教師の挑戦的な課題に応える

1 この活動の授業技法

・高難度でチャレンジしたくなるようなタスクを提示する（技法１－６）

2 授業場面と指導のねらい

　中学校１年生の教科書本文の読解において，明確な目的意識を持たせ，主体的な読みを実現するために，本文には直接書かれていないことを問う推論発問（田中他，2011）を行った。

3 指導の実際

　『Sunshine English Course1』（開隆堂）の Program9の本文（p.91）は，かかってきた電話に出られない理由を，家族が現在進行形を用いて伝え合っている場面である。母親が "Can anyone answer the phone?" と問うのに対して，"I'm changing my clothes." "I'm brushing my teeth." など，「自分が今していること」を伝え合い，「言い訳」し合っているのである。この本文の場面を読解させるために，筆者は次のように問うた。

> **（発問）** 登場人物の中にウソをついている人がいます。誰でしょうか
> （技法１－６）。

　ウソをついていると考えられる根拠を含めて考えさせ，ペアやグループでそれぞれの意見を出し合わせた。生徒は，以下のように推論し，さまざまな

意見を述べた。

・母親と娘：挿絵ではまだ着替え始めていないから電話には出られる。
・息子：ドライヤーをかけていればお母さんの声は聞こえないはず。
・父親：歯を磨いていればしゃべれないはず。

　生徒は「ウソつきを発見する」という目的意識から，主体的に読解に取り組んでいた。また，この本文の下には，ライティングの自己表現課題として，「今したいことを１つ想像し，それをしていることにして文を書きましょう。」とあったが，この課題の代わりとして，最後に次のような指示をした。

（指示）登場人物に代わって，絶対にウソだと疑われない「電話に出られない理由」を考え英語で表しなさい（技法１－６）。

　生徒は本文よりもよい理由を考えようと，ここでも主体的に取り組む姿が見られた。"I am taking a bath." "I am studying now." "I am talking on my cellphone." "I am sitting in the toilet." など，自然に現在進行形を使っていた。"I am sleeping." という文が出た時には教室は笑いに包まれた。

4　指導のポイント

　本文に直接述べられていないことを問うことで読解への目的意識が高まる（【主体的な学び：興味・関心】）。また，ペアやグループで根拠を出し合わせたり，自己表現活動に取り組ませたりすることで対話的な学びにもつなげることができた。

（立川研一）

活動例 7　自分と一致する相手を探すために尋ねる

1　この活動の授業技法

・活動に変化を持たせて，興味を持続させる　　　　　（技法1－7①）
・ターゲットへの気づきを促す　　　　　　　　　　　（技法1－7②）

2　授業場面と指導のねらい

　小学校外国語活動において，数字の表現に何度も繰り返し，さまざまな手法で慣れ親しませる場面である。

3　指導の実際

　以下の(1)，(2)の活動において，**興味が持続するように形態や手法に変化を持たせた活動を行った**（技法1－7①）。

(1)　ペア作りゲーム

　黒板に11～20のカードを掲示し，児童には鉛筆のイラストを印刷したカードを配る。鉛筆の本数は11～20本までさまざまである。同じ本数のカードを持っている児童（「パートナー」と呼ぶ）を見つけるゲームである。

A：Hello.	B：Hello.
How many pencils?	(13) pencils.
	How many pencils?
(15) pencils.	See you.
See you.	

ALTとのデモンストレーションを見せ，ゲームのルールをつかませた後，役割を決めて練習させ，慣れ親しませた。いよいよゲームのスタートである。

パートナーが見つかった児童は，教室の端に2列で座らせ，板書の数字カードを見せながら，さらにペアで11〜20を唱えさせた。1人では苦手な児童も，友達と一緒にリズムを取りながら唱えていた。

小学校外国語活動では，「複数の場合最後にsがつく」とか，「sの音が単語によって違う」などということを取り立てては指導しない。しかし，ぜひ児童に気づいてほしいことでもある。そこで，なかなかパートナーが見つからず焦ってきた児童に，そろそろ数字練習にも飽きてきた児童から，"How many pencils?"と尋ねさせた。その際には，**教師がsを少し意識させるように範唱した**（技法1－7②）。児童は，知らず知らずのうちにsの音にも気をつけて発話していた。パートナーが見つかっていない児童は，"○ pencils."と答えて，同じカードの児童の所にうれしそうに移動した。

(2) How many? クイズ

事前に児童に「How many? クイズ」の問題を作らせておく。その際，①イラストを描く（リンゴを13個描くなど），②算数の問題の式を書く（10＋2×3など），③日本語で問題を書く（イカとタコの足を合わせると何本でしょう。など），**複数の出題方法を提示した**（技法1－7①）。児童は，自慢げにイラストを見せたり，算数の問題を出題したりした。

授業終末の振り返りでは，「How many？の後に『ズ』と言うとわかりました。」「ペアで数字を言っていたら，トゥエンティも言えるようになりました。トゥ（two）と関係があるみたい。」などの感想が出た。

4 指導のポイント

新出単語や語彙に慣れ親しませる活動は単調になりがちだが，形態や手法を変えることで，興味を持続させることができた（**【主体的な学び：興味・関心】**）。教師はターゲットへの気づきを促すよう，強調したりわざと間違ってみせたりして児童に「おやっ？」と思わせることも有効である。(江隈美佐)

活動例 8 大と小の目標を持つ

1 この活動の授業技法

- ・単元のゴールを明確にし，そこに至る毎時間の目標を生徒と共有する
  （中学校）　　　　　　　　　　　　　　　　　　　　（技法２－１）

2 授業場面と指導のねらい

　中学校２年生の１学期に複数の言語材料を統合的に扱った単元，「夏休み夢の旅行」を実施した。学期末に目指す大きなゴールと月ごとに到達したい小さな目標を生徒と共有することで，主体的な学習の実現をねらった。

3 指導の実際

　一般に中学校２年生の１学期には，以下のような文法項目を学習するように教科書が構成されていることが多い。

- ・過去形(一般動詞，be 動詞，進行形)　・未来表現(will，be going to)
- ・接続詞（that, when, if ）　・There is / are の文　・不定詞　　　等

　これらを教科書の内容・進度に合わせて１つ１つ学習していくのではなく，１学期末に設定する自己表現活動，「夏休み夢の旅行」において，生徒が自分自身の言葉として使えるようになることを目指した。また，学習計画は印刷して各自のノートに貼らせて，常に見えるようにした（技法２－１）。１学期のおおまかな指導計画と，各段階で生徒に身に付けさせたい力は次の通

りである（教科書によっては指導内容や順序が入れ替わる）。

　学期末に生徒は書きためた文を集め，教科書に出てくるスピーチの「型」に当てはめ

「夏休み夢の旅行」について10文以上のスピーチを作り発表しよう！

	文法事項		付けたい力	想定される自己表現（例）
4月	一般動詞の過去形		過去に行った場所やしたこと（過去の事実）を表現することができる。	I went to Okinawa. I swam in the sea. 等
	be 動詞の過去形		感想表現が言える。	It was fun. I was tired. 等
5月	接続詞	that	より詳しい感想や説明が言える。	I think that the food in Okinawa is delicious. 等
		when		I was happy when I swam in the sea. I went to Okinawa when I was 10 years old. 等
		if	今度行ったらしたいことが言える。	If I go there again, I will eat beef steak. 等
6月	未来表現	will	夏休みにしようと思っていることが言える。	I will go swimming in the sea. 等
		be going to	夏休みにすることが決まっていることについて言える。	I'm going to practice swimming in the pool. 等
	There is / are の文		夏休みに行きたい場所にあるものが言える。	There are many world heritage sites in Italy. 等
7月	不定詞		夏休みに行きたい場所とそこでしたいことが言える。	I want to go to Hawaii to swim in the beautiful sea. 等

「夏休み夢の旅行」スピーチ発表会 at 期末 PTA 授業参観 !!

て，原稿を完成させた。以下は実際の生徒作品である。長い文章になっているが，1つ1つの文は各授業の中で書きためてきたものである。

I want to go to Tokyo to do many things. There are a lot of refuse. It is dirty. Because there are many high-rise buildings. I think that we must clean Tokyo.　Second, there are many TV stations. My favorite Tokyo TV station is Fuji TV. It is big. If I go there, I will meet famous persons.　Third, I want to go to an aquarium in Sunshine City. It is large. And I want to go to Ueno Zoo. There are many animals to touch.　Finally, I want to go to Tokyo Disney Land. There are many rides. It will be fun.

---

4 指導のポイント

　単元の終わりに到達すべきゴールの姿とそこに至る道筋を明確に示すことで，生徒は1時間1時間の授業の中で付けたい力を意識して，主体的に学習に取り組む（**【主体的な学び：見通しを持つ】**）。原稿の作成を通じて，生徒は1学期の自らの学習をまとめ，振り返り，学んだ言語知識を自分の言葉として使っていた。

（立川研一）

目標への見通しを立てて活動する

1 この活動の授業技法

> ・単元のゴールを明確にし，そこに至る毎時間の目標を児童と共有する
> （小学校） （技法2-2）

2 授業場面と指導のねらい

　小学校外国語活動では，まずゴールを設定して授業を組み立てる（『小学校外国語活動・外国語　研修ガイドブック』文部科学省，2017）。以下の実践では，5年生の "What's this?" の単元で，来日したばかりの ALT が日本の学校のことを尋ねる場面をゴールとして設定した。

3 指導の実際

　導入時にゴールの姿を児童に明確に示し，「わあ，やってみたい。」と思わせる（技法2-2）ために，次のやりとりを行った。ALT が，教室にかけている袋（給食エプロン）に興味を持つ（ようにする）。

ALT：What's this?
HRT：これ？（と言って，エプロン袋を手に取る。）
ALT：Yes. What's this?
HRT：（児童を見て）What's this?
児童：ええ，給食エプロン知らないの？
HRT：みんなで教えてあげよう。エプロン in English is apron.

> It's an apron.
> 児童 ：It's an apron.
> ALT ：Oh, it's an apron. Thank you.
> 児童 ：給食エプロン知らんのやなあ。

　児童は，自分の方がいろいろ知っていると分かると，「教えなくては。」「世話しなくては。」と張り切り始めた。楽しく日本（大分）のことを教えるために，クイズ形式を提案した。児童はどんなクイズにしようかとすぐに考え始めた。最初に児童の心をつかめば，後は流れに乗って授業を進めるだけでよい。その後，単元の学習の流れ（写真1）を掲示して，毎時間の初めに確認した。単元の最後には，楽しいクイズ大会を行うことができた。

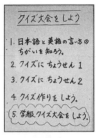

写真1

　また，**毎時間の授業も「MENU」と題し，ホワイトボードに学習活動を書いて児童に提示している**（写真2）（技法2-2）。外国語活動のように児童が未知の内容を学習する際は，活動の見通しを持たせると安心する。また，教師自身も目標に向かって指導できるメリットがある。ホワイトボードの左端にかわいらしいマグネットを貼り付けて学習活動が進むたびに動かすと，今は何を

写真2

学習しているかがはっきりとする。終わった学習活動に花丸でも描けば，児童はウキウキである。

4　指導のポイント

　その単元で学ばせたいことを，場面や状況を設定した本当の出来事として単元の最初に出合わせる。すると，児童は自ら進んで取り組むようになる（**【主体的な学び：見通しを持つ】**）。学習の流れは単元の最初に提示するだけでなく，毎時間児童の目に触れさせることで再確認できる。　　　（江隈美佐）

活動例 10　修得するために何が必要かを理解する

1　この活動の授業技法

・目標言語（項目，材料）の修得のために何が必要かを理解させる

（技法２－３）

2　授業場面と指導のねらい

　大学生のライティング力向上を目標とする文法の授業で，その学期に学ぶべきことを学習者自身で見通すことができるように，学習者同士にライティングのために必要な要素は何かを話し合う活動を２回にわたって行わせた。

3　指導の実際

⑴　１回目の授業の指導

　はじめに次の問いかけをした。

（発問）まとまりのある英語の文章を書くためには何が必要でしょうか（技法２－３）。近くの席の人たちとグループになって話してみてください。

　あるグループから「how to write と what to write だ。」という声が聞こえたのでそれを紹介すると，どのグループでも話し合いが進んでいった。

（話し合いで出ていた意見。[　　]内は筆者の注釈）

how to write は筆記体とか，ペンマンシップ！／それも大事だけど，やはり文法？／SV とか，ＯもＣも［文構造／語順］／時制や受動態や関係詞なんか［文法］／名詞や動詞なんかもちゃんと使えないと［品詞］／まとまりのある文章って１文だけじゃなく段落かな？／そう，パラグラフ！［パラグラフ］／トピックセンテンスって何だった？／この段落にはこれを書いていると知らせる文？　など。

話の中心が how to write になっていたので，次の発問をした。

（発問） では what to write about はどうでしょうか（技法２－３）。たとえば書きやすい内容とそうでもない内容についてなど，話を進めてみてください。

クラス内は再びグループに分かれて話し始めた。

（話し合いの後半で出た意見。［　］内は筆者の注釈）
今ここでとか毎日何しているとか昨日何をしたは書きやすい［単純現在／過去］／個人的なことなら明日何をするも書きやすい［個人的直接体験］／本，新聞，ネットとかで調べて書くのは難しい！［間接体験］／伝達ゲームじゃないけど，人から聞いた話を書くのも苦手［間接体験］／社会の問題は知らないことが多いし［社会的話題・思考・意見］／そういう内容って，１文が結構長くなるよ［重文・複文］／そう。主語がわからなくなる／時制も（わからなくなる）／単語も知らないし［語彙］　など

ディスカッションの内容を各グループが発表し，クラス全体で共有した。次の授業で今日の報告内容を教師がまとめて，今学期のライティング力アップのスケジュール表とともに提示することを予告して，授業を終えた。

⑵　２回目の授業の指導

　前回の授業を受けて，次の説明を行った。

（**説明**）前回の授業で出された皆さんの考えを図１，図２にまとめてみ
ました。皆さんの言葉を私の用語で言い換えた部分もあります。図を見
てここは違うもっと工夫を！などの意見があれば出してください。表１
（次ページ）「ライティング力アップのスケジュール」表もあわせて見て
ください。（表１はオリジナルを本書用に簡略化）

　クラス全体で図表を見る時間を取り，その内容を共有した。**自分たちの出
したライティングに必要な要素が図のどこで示されているか**（技法２－３）
もグループになって確認した。図１はライティングの要素を全体的にカバー
した図であり，図２は特に what to write about の種類と難易度を示してい
る。

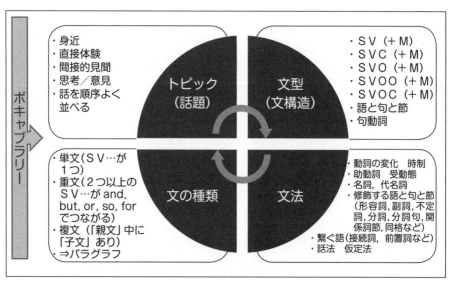

図１　まとまりのある内容の英文を書くには

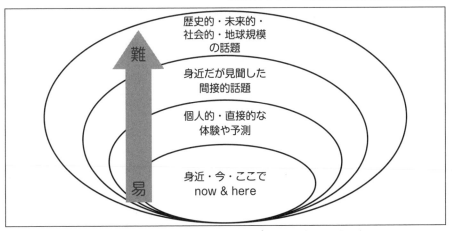

図2　"what to write" ―トピックの難易度（易から難へ）

表1　ライティング力アップのスケジュール［注：元の表から一部を抜粋改編］

	［第1期］	［第2期］	［第3期］	［第4期］Goal
話題	・今日，昨日 ・個人的直接体験	・個人的な未来 ・個人的な経験	・見聞した間接的体験 ・感情と原因理由 ・比較判断	・社会的な話題
動詞	・単純現在形 ・単純過去形	・未来形 ・進行形 ・完了形	・伝達動詞 　(tell, ask, say etc) ・法助動詞 　(will, can etc) ・be＋過去分詞 　(感情)	・思考，推測，期待等の動詞 ・to 不定詞 ・分詞動名詞
文の複雑さ	・単文	・重文 　(等位接続詞) ・複文	・複文 ・関係詞，分詞形容詞	・複文
文型	第1～第3文型	第1～第3文型	・第1～第4文型	第1～第5文型

骨太の英文

4　指導のポイント

　目標技能の修得に何が必要かを教師がすべて与えるのではなく，学習者の考えを反映させようとした。それを集約した図表を学習の見通し確認用のツールとして継続的に活用したことは，学期を通して学習者の主体的な学びを助けるものとなった（【主体的な学び：見通しを持つ】）。　　　　（小林啓子）

活動例 11 「誰がどうするのか」を考えて直訳を避ける

1 この活動の授業技法

・be 動詞を使って直訳すると誤りになる時,「誰がどうするのか」という状況を考えさせる　　　　　　　　　　　　　　　　　　　（技法3－1）

2 授業場面と指導のねらい

　日本語をそのまま直訳するとおかしな英文ができることがある。本活動ではこの問題を克服する試みとして,2つの校種において行った指導例を紹介する。中学校での実践では,語順を意識させ主語や動詞を適切に選び取らせる指導を行った。専門学校での実践では,語順を意識させるとともに柔軟な発想で日本語を英語に直させることで,より自然な英語の表現に近づけた。英語学習の中で「直訳による誤り」のように,特に困難な問題に関しては,生徒に「状況を考える」という「思考ツール」を示すことによって,粘り強い学びに向かわせることができる。

3 指導の実際

(1)　中学校の実践

　「父はゴルフだ」「先生,トイレ！」などの日本語を示し英作文させたところ,"My father is golf." や "Teacher toilet" などの表現を書く生徒が多く見られたので,以下のような指示をした。

（指示）①これらのセリフはどんな状況で言っているのか,②『誰が・

どうする・何を』の語順で考えるとどうなるか，③いろいろな状況を想
定すると，答えは１つではない，という３点に注意して（技法３−１），
もう一度英文を考えなさい。３分間自力で考え，３分経ったら，友達と
『どのような状況で，どのような英文になったか』について情報交換を
しなさい。

友達と考えたアイデアを情報交換しながら，「あ〜，そんな状況もあった
か！」という声が聞かれたり，「こんな状況だと，英語で何て言えばいいの
かな？」と，友達と一緒に英文を考える姿が見られたりした。

ペアやグループで考えたアイデアを発表させ，それを板書していった。友
達と話して自信がついた後なので，自分から発表する生徒が多かった。以下
は生徒の作った英文である。

【父はゴルフだ】
「お父さんはどこに行ったの？」に対し My father went to play golf.
「お父さんは今何してるの？」に対し My father is playing golf now.
「君の趣味は野球，お父さんは？」に対し My father's hobby is golf.
【先生，トイレ！】
「先生トイレに行ってもいいですか？」May I go to the toilet, Mr. Ogawa?
「先生どこ？先生，トイレに行ったよ」Mr. Ogawa is in the restroom.

その後，以下のような練習問題に取り組ませ，ALT に通じるか試させた。

①【今日は部活だ】　②【昼はうどんだ】　③【父はトイレです】

状況を想像させ，『誰が・どうする・何を』の語順を意識させることで
（技法３−１），それぞれ，①I have a club activity today.／I have clubs
today. ②I eat udon for lunch. ③My father is in the restroom. 等の文に導

Strategy3

くことができた。

(2) 専門学校の実践

夏休み明けの最初の授業で，どんな夏休みを過ごしたかを自己表現させた。初めに個人作業で英文を考えさせたところ，1人の学生が，「夏休みは毎晩パーティだった。」という日本語を以下のように訳していた。

```
My summer vacation was party night every day.
```

私はクラス全員にこの文を示し，次のように指示をした。

> **(指示)** この文は「夏休み」が主語になっていて，意味が通じにくくなっています。「誰が」「いつ」「何を」したのかに注意して英文を考えてください（技法3－1）。

「私が」「夏休みに」「パーティをした」ということを確認し，手助けしながら改めて英語を考えさせたところ，多くの学生が以下のような文を書くことができた。

```
I partied every night for my summer vacation.
```

ここで，柔軟な発想力を付けるために，「三昧」という言葉を付け加え，「夏休みは毎晩パーティ三昧だった。」とするにはどうしたら良いかを全員で考えた。複雑な日本語を直訳するのは難しいため，「三昧」という言葉の意味を考えさせたところ，「～ばかり」「～だけ」という，よりシンプルな日本語表現を学生から引き出すことができた。最終的な英文として，ALTによる修正を加えつつ，以下の2文ができあがった。

```
I only partied every night for my summer vacation.
```

I just had a party every night during my summer vacation.

また，「言いたいことの半分でも構わないので伝えるとしたら他にどんな言い方ができそう？」と自由な発想による英訳を促したところ，１人の学生から以下のような表現が出された。

I was a party man for my summer vacation!
I was a party king / queen for my summer vacation!

これらの英文は日本語の直訳ではないが，意思の疎通はできる。英語のコミュニケーションの場では，自由な発想で英訳にチャレンジするように励まして授業を終えた。なお，この次の授業では冬休みの予定として何をしたいかを英作文させたが，状況を考えさせ，適切な主語を選ばせることにより，前述のような誤りを減らすことができた。

4 指導のポイント

　中学校の取り組みでは，①状況を考える，②英語の語順を意識する，③一対一の対訳はない（正解は１つではない），という３つのポイントを生徒に意識させ，グループ活動させることによって，粘り強く，状況に応じた英訳を考えさせることができた（【主体的な学び：粘り強く取り組む】）。
　専門学校の取り組みでは，母語である日本語と同じレベルを英語に求めず，初めは２割でも３割でもいいので伝えようとする気持ちになろう，と学生を鼓舞して取り組んだものである。伝えたい内容や発話の状況に応じて可能な限り日本語をシンプルにさせることで，柔軟な発想で語順や表現を考えさせることができ，あきらめないで英語で伝えようとする態度（【主体的な学び：粘り強く取り組む】）を養うことができた。

（小川乃正・瀬口珠美）

正誤の判断に図表を活用する

1 この活動の授業技法

・図表を参照させて正誤を推論させる（技法3－2）

2 授業場面と指導のねらい

　大学生の文型の授業でディクトグロス（英文を書き取る活動の一種）を行った。書き取った英語の正誤を判断するディスカッションにおいて、次ページの「意味順」表（田地野，2014）を参照ツールとして用いて検討させた。

3 指導の実際

　教室に流される英文のディクテーションを自席で行わせた後，3，4人のグループを作らせて，次の指示をした。

（指示） ディクテーションで聞き取った各自の英語をグループ内でシェアし，ディスカッションを通してもとの英文を再現しましょう。**ディスカッションでは英文の適切さを判断するのに「意味順」表を使いましょう**（技法3－2）。

　議論では次のような推論が行われていた（原文［正解］は次ページを参照）。【①文［on か an か？］】この文は第1文型だから「意味順」表では「（M）どこ」にくる語句で，on plain paper のはず。【④文［to の有無］】動詞 allow は表から第5文型なので，C には to 不定詞が来るから to が必要の

はず。【⑤文［replace to cash か replaced cash か？］】「意味順」表の V の
欄により，have ＋過去分詞だろうから replaced cash など。

（原文） ① The first credit cards were printed <u>on</u> plain paper. ②
Stores gave them to individual customer. ③ Modern plastic credit
cards appeared in the 1950s. ④ Credit cards allow you <u>to</u> borrow an
amount of money. ⑤ Today, credit cards have mostly <u>replaced</u> cash
in many places.［以下省略］

（アルク，2015，改編）

「意味順表」 英文の意味順と文の構造―第５文型(3)―

	Magic Box 玉手箱	S だれが・なにが	V する／です	だれ・なに	②C だれ・なに・どのような ③O ④O1・O2 だれ・なに ⑤O・C だれ・なに・どのような	M どのように・ために・どこ	M いつ
この文型での意味と動詞の例			（OがCすることを）望む，頼む，言う，助言する，許す…				
			want,ask,tell advice,allow...		to 不定詞		
使われる品詞	●接続詞 ●副詞系 ＊文副詞 ＊there be ＊s構文の there ＊前置語句 ●（疑問詞） ＊疑問文を表す助動詞 or 法助動詞	●名詞系 ＊名詞 ＊代名詞 （主格） ●動名詞 ＊名詞句 （to不定詞等） ＊名詞節	●動詞系 ＊be動詞の現在形／過去形 ＊一般動詞の現在形／過去形 ＊法助動詞＋動詞の原形 ＊助動詞のbe動詞＋現在分詞 ＊助動詞のbe動詞＋過去分詞 ＊助動詞のhave+過去分詞	●名詞系 ＊名詞 ＊代名詞 （目的格） ＊動名詞 ＊名詞句 ＊名詞節	【O2 of ④】 ●名詞系 【C of ②＆⑤】 ●名詞系 ●形容詞系 ＊形容詞 ＊現在分詞 ＊過去分詞	●副詞系 ＊副詞 ＊前置詞句 （前置詞＋名詞）	

4 指導のポイント

　学習者は「意味順」表（田地野彰先生の「意味順マップ」［田地野，2014
及び Tajino，2017］を改編）をディクトグロスでも支援ツールとして活用
することで，正誤の判断の拠り所を持つことができた。それによって，みん
なで適切な英文完成までの活動に粘り強く取り組むことができた（**【主体的
な学び：粘り強く取り組む】**）。

（小林啓子）

作った文の正しさがわかるツールを作る

1 この活動の授業技法

・作文の正しさを点検できるツール（図表）を作り，活用させる

（技法３−３）

2 授業場面と指導のねらい

　文型学習の初期。語順整序問題で取り組んだ英文の分析を通して，大学の英作文に活用できる文構造点検ツールを作らせた。

3 指導の実際

　まず，一組３，４人で，Worksheet１の語句を並べ変えて英文を作成させた。

《Worksheet１》　語句並べ変え問題の例　(1) 彼はそれから利益を得ているのかもしれない。(some / he / it / get / benefit / from / may).
(2) ゆりこは金曜日は残業しない。(doesn't / on / work / Fridays / Yuriko / overtime). (3) ビルとクラスメイトは授業中静かにしていた。
(kept / Bill / the lesson / and / his classmates / quiet / during). 【後略】

　次に Worksheet２で完成文を確認の後，各完成文の文型を分析させた。

《Worksheet２》　完成英文（正解）と文の要素などの分析シート　(1)
He may get some benefit from it. SVO+M　(2) Yuriko doesn't work

overtime on Fridays. <u>SV+M</u>　(3) Bill and his classmates kept quiet during the lesson. <u>SVC+M</u>【一部省略・後略】

　　　　　（下線部は文型分析後に提示した答え）（Evine, 2010の文例などを一部使用）

　その後，下の表のような「語順品詞表」を示して，以下の発問をした。

（発問）各文でSやV，OやC（やM）として働く品詞は何でしょうか。ワークシートの文例を参考に，品詞を表に書き込みましょう（技法3－3）。

　表への書き込み活動中，たとえば(3)の文で「静かに」が副詞ではなく形容詞なのはSVCだからかなどの声が聞かれた。また，語順整序で**間違った理由を納得する**など，**表が点検ツールとして活用**され始めていた（技法3－3）。

英文の語順と文の構造『語順品詞表』　―SVC文型―

疑問つなぎ装飾	S	V ～だ ～の状態にしておく	C ・人 ・物／こと ・どのような	・どのように ・場所で	・時に
	1．代名詞	1．助動詞と動詞	1．O	1．前置詞・名詞	
	2．固有名詞	2．doesn't + 動詞		2．副詞	2．前置詞＋名詞
	3．固有名と名詞	3．動詞（過去）	3．形容詞		3．前置詞＋名詞
	5．名詞	5．動詞（過去）	5．名詞	5．前置詞＋名詞	
	6．名詞	6．動詞（過去）	6．O	6．前置詞＋名詞	
	7．代名詞	7．動詞	7．O	7．前置詞＋名詞	7．前置詞＋名詞
	8．名詞	8．受動態　be動詞・過去分詞			8．前置詞＋名詞
	9．固有名と名詞	9．be動詞			9．前置詞＋名詞

4　指導のポイント

　学習者の粘り強い思考活動は，取り組みへのツールの装備が助けになる。今回の「語順品詞表」は，授業で参照させ始めていた「意味順」表（「意味順マップ［田地野，2015］から筆者改編）を文型と品詞に絞って書き込み用にしたものである（**主体的な学び：粘り強く取り組む**）。　　　　（小林啓子）

考えを図解してまとまった文章を書く

1 この活動の授業技法

・考えを容易に図解できる方法を示す（技法3－4①）
・図の中のキーワード（名詞）を，文中の異なる位置（主語，目的語など）で使う練習をさせる（技法3－4②）

2 授業場面と指導のねらい

　中学校3年生の自己表現活動で，中学生向けに工夫した「マインドマップ」を活用して，まとまりのある文章を書かせる。書くためのツールを持つことで，生徒は論理性のある文章を書くことに粘り強く取り組むようになる。

3 指導の実際

　中学生にテーマを与えて自由に英作文させようとしても，「何を書いていいかわからない」「どう書いていいかわからない」といった声をよく耳にする。
　本活動では，(1)何を書くか，(2)どう書くかについて，中学生の作文を助け，粘り強い学習を支援するツールと指導法を示す。
(1) 何を書くか
　テーマに沿った作文のアイデアを出させるのに，いわゆるマインドマップを用いて準備させる指導がよく行われる（伊東，2008など）。ただし，中学生のような初級学習者にとって，このマインドマップを作ること自体が難しく感じられることもある。そこで，**図の中に書き込むことで論理的な文章構**

成が容易に行えるようなマインドマップの形式を考案した（技法3－4①）。

　指導に当たっては，必ずしもすべての枠を埋める必要はないこと，逆に枠が足りなければ付け足してもよいことを告げておいた。

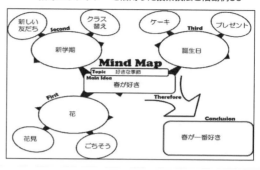

（指示１）真ん中の Main Idea と右下の Conclusion の枠には，Topic（好きな季節）に対する自分の考えを日本語で書きなさい。同じことを少し表現を変えて書くとよいです。この２つは省略できません。

以下，黒板に教師の例を示しながら説明や指示を続けた。

（指示２）次に，Main Idea から繋がっている３つの大きなバブルに，自分の考えに対する理由を日本語で書きなさい。短い言葉や単語でズバっと書くようにしましょう。

　バブルは名詞で記入するようにさせ，文や形容詞は書かないよう指導した。また理由が３つ思いつかない場合は，１つか２つでもよいこととした。

（指示３）大きなバブルの周りにある小さな２つずつのバブルには，大きなバブルに書き込んだ名詞から連想される別の名詞(句)を書きなさい。

　この場合も無理にすべてのバブルを埋めさせる必要はない。大きなバブルに書いたことを補足したり，実例を挙げたりするような意識で書かせた。

　ここまでで作文全体の大まかな構成が完成する。真ん中に書いたメインの

意見を述べ，First, Second, Third の順番にその理由を述べさせていくのである（述べる順番は変えてもよい）。その際，小さなバブルに書き込んだ名詞を用いて実例や補足説明を付け加えさせる。最後に Therefore を付けてメインの意見を繰り返させるのである（Conclusion）。

(2)　どう書くか

　バブルに書き込んだ1つの名詞から，それぞれ1つずつの文を考えさせた。その際重要なことは，「その名詞を文中のどの位置（主語？目的語？）で使うか」を考えさせる（技法3－4②）ことである。たとえば「花」という名詞から文を作らせる場合，「何を主語にする？何という単語から文を始める？」と問うた。多くの中学生は，「I（私は）」で始めたがるのだが，それ以外の主語で始める文を意識させるため，次の指示をしてグループごとに練習に取り組ませた。

(指示) 「花（flower）」という単語を使って文を作る練習をします。「I（私は）」で始まる文を1つ，「Flower(s)」で始まる文を1つ，それ以外の単語（We, They, You, There など）で始まる文を1つ，合計3つの文をグループで協力して作りなさい。

　作業後に問うと，各グループからは，次のような文が出された。

・I like flowers.

・Flowers are beautiful in spring.

・Many people enjoy flower watching in Japan.

　1つの名詞からでも，主語を変えることでいろいろな文を作ることができ，自分の意見の理由や根拠を表現できることを確認した。その後，生徒自身が作ったマインドマップで，同様の作業に取り組ませ，できた英文を First, Second などのディスコースマーカーでつなぎ，文章として完成させた。

4 指導のポイント

中学校3年生の1学期，この作文練習に継続的に取り組ませた。以下は春の連休明けに書かせた作文と，6月末に書かせた同一生徒の作文の実例である。語数のみならず，文章構成や論理性の高まりも見られる。

5月：This year's Golden Week was visit many places. First, I went to kentai in Shin-Oita Kyujo. I play baseball very hard. I'm very tired. Second, I went to Kumamoto. I enjoyed shopping. Finally, I am very free. Because I was study English, I'm very very very tired. （kentai とは県大会のこと）

6月：I want to go to Fukuoka city. First, I want to see baseball game in baseball stadium, because I like baseball. Baseball is fun and very exciting, so I want to see baseball game very much. Second, I want to go to sea, because I like sea very much. It is very big and very beautiful. Finally, I want to shopping. There are many shops in Fukuoka. Shopping is very interesting, so I want to go shopping very much. Fukuoka is very good city. Therefore I want to go to Fukuoka city every year or every day.

クラス全体の作文を分析すると，平均語数は2.1倍，「I」以外の主語の使用率は2.0倍と有意な伸びを示した。何より，作文で「何をどう書いたらよいかわからない。」という声が聞かれなくなった（**主体的な学び：粘り強く取り組む**）。文法の正確性はこの期間で有意な伸びは見られなかったが，継続して output に取り組むことで文法的な言語認知も高まるのではないかと考える。この学年は3年生2学期までに37.5％が英検3級以上を取得した。

（立川研一）

モデルと同じになるまで練習する

1 この活動の授業技法

・ツール（ストップウオッチや本物の英語）を活用して，モデルと同じ
になるまで挑戦させる（技法3－5）

2 授業場面と指導のねらい

中学校2年生の音読練習で，教科書CDや映画の台詞等，モデルと同じ速
さとイントネーションで読むことを目標に，粘り強く練習に取り組ませる。

3 指導の実際

(1) ストップウオッチを手に，音読させる

（指示）今日の本文のCDはネイティブ・スピーカーが〇秒で読んでい
ます。ぴったり〇秒で読めるようになるまで練習しなさい。

数回CDの音声に合わせてシャドウイングに取り組ませた後，**グループや
個人ごとにストップウオッチを持たせ，自分の音読の時間を計らせながら目
標の時間に近づける練習をさせる**（技法3－5）。明確でチャレンジングな
達成目標を提示することで音読練習が主体的なものになる。

(2) 本物の映画のシーンを見て，アフレコさせる

金谷（2002）が紹介している「アフレコ読み」（映画等の台詞を完全コピ
ーさせる音読の練習法）を次のような手順で追試した。使用した場面は，映

画『ハリー・ポッターと賢者の石』のクライマックスの直前シーンで，下記のような会話が行われている。中学校２年生の比較級の学習後に最適である。

Hermione：You'll be OK, Harry. You are a great wizard. You really are.

Harry　　：Not as good as you.

Hermione：Me? Books and cleverness …, there are more important
　　　　　　things. Friendship and bravery …. Now Harry, just be careful.

練習に当たっては，次のような指示で目標を共有した。

（指示）２人の台詞と同じ速さ同じ読み方で読めるようになるまで練習しましょう。速すぎず遅すぎず，台詞にぴったりおさめたいですね。

はじめに何度か映画のシーンを再生し，大まかなリズムをつかませた。この時点ではペアや役割を決めさせず，２人の台詞を両方とも練習させた。**生徒は本物の映画スターたちのアフレコをうまく行いたいという気持ちから，粘り強く練習し続けた**（技法３−５）。10分間の練習の後，再度映画を流してシャドウイングさせ，最後にペアを作り，役割を決めさせて全体の前で発表させた。

4　指導のポイント

　ＣＤや映画の台詞の「完全コピー」を目指して練習することで，生徒は自然に英語らしいリズムやイントネーションを意識する。また目的が明確であるから，何度も練習を繰り返していた（**【主体的な学び：粘り強く取り組む】**）。

　また，授業の最後に再度映画のシーンを視聴させると，すべての生徒が「はじめに見た時よりもすべての単語がくっきり聞こえるようになった」と感じていた。音読練習に粘り強く取り組むことが，聞く力にもつながるということを実感させることができる方法である。　　　　　　　　（立川研一）

活動例 16　目で見て振り返る

1　この活動の授業技法

> ・ペアの会話を第三者に記録させる（技法4－1①）
> ・ホワイトボードで振り返りを可視化させる（技法4－1②）
> ・上手なペアの発表を見て振り返り，次につなげる（技法4－1③）

2　授業場面と指導のねらい

　中学校1年生に即興でやりとりを行わせる。「会話を続ける3つのコツ～ニアシの法則～」（上山，2018）を参考に実践した（ニアシとは，2文，相づち，質問である）。

3　指導の実際

　3人組になり，AとBのやりとりをCの生徒が観察して記録していく。

> （説明）AさんBさんが会話をして，Cさんはジャッジシートに点数を記録していきます。2文で答えたら2点，質問したら2点，相づちを打ったら1点加点します。

　AとBのペアが1分30秒話した後は，BとCが話しAが記録。続いてAとCが話しBが記録。ここまでで1回目の終了である。その後，次の指示をした。

> （指示）会話が続いたポイントと続かなかった原因（改善のポイント）を話し合い，ホワイトボードに書きなさい。後から発表してもらいます。

ペアの会話を第三者に記録させることにより，第三者は会話が続くポイントや改善すべきポイントを客観的に学ぶことができるとともに，苦手な生徒に対してサポートもできていた（技法４－１①）。

Strategy4

【ホワイトボードに書かれた内容】

《続いたポイント》

・質問の種類が多かった。

・疑問詞を使った質問ができた。

・いろんな相づちを使えた。

《続かなかった原因（改善のポイント）》

・主語を変えるとよかった。

・２文で言えなかった。

・話題を変えることができなかった。

ホワイトボードでグループごとに振り返りを可視化させ，クラスで共有することにより，２回目のやりとりで自分が取り組むべき目標を確認できた（技法４－１②）。２回目は「質問を増やすこと」を意識して取り組むことを確認し，２回目のやりとりの後，次の指示をした。

（指示）会話が続いていたペアの発表を見て，会話が続いた理由を考えてください（技法４－１③）。

生徒たちは「質問をたくさんしていた」「間違いを恐れずに話していた」「主語を変えていた」「２文で話していた」等，互いの成長を意識できていた。

4 指導のポイント

１回目に比べて２回目はほとんどの生徒がやりとりを長くできた。記録や振り返りの可視化，中間評価の後，上手なペアの観察などが有益だったと考える（【主体的な学び：振り返って次につなげる】）。 (甲斐しのぶ)

つながった振り返りシートで
次につなげる（小学校）

1 この活動の授業技法

・1単元（4時間分）の振り返りを1シートに収めて，振り返りが次の
時間につながるようにする（技法4−2）

2 授業場面と指導のねらい

外国語活動1単元の振り返りを1シートに収めることで，1時間ごとの変
容が見え，児童も教師も成長を確認できるようにする。

3 指導の実際

これは，5年生の振り返り
シートである（4時間分）。
本シートでは，コミュニケー
ションの基本のめあてとして，
「スマイル」「クリアーボイ
ス」「アイコンタクト」「レス
ポンス」を設定している。毎
回，4つについて◎○△で振

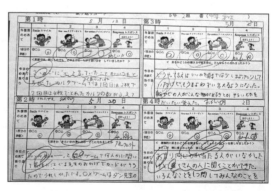

り返らせる。コミュニケーションを行う際にいつも意識してほしい観点だか
らである。それとは別にその時間の内容に即しためあてを設定する。このシ
ートにはこのめあてを書く欄も作っている。児童には，毎時間授業の最後に，
めあてについての振り返りを記述させる。

授業後に回収し，**教師はコメントを入れて，次時の初めに児童に返す。児童は前時の振り返りや教師のコメントを見て，今日がんばることを心に決める**（技法４−２）。コミュニケーションの４つの観点については，◎や花丸で評価し，４つともで

きていれば「Perfect」と朱書きする。英語で書かれると，より達成感を感じることができるようである。

　児童が振り返りを書く際は，教師は机間指導しながら個別に声をかける。

　「〇〇さんは，色・形の英語をたくさん使ったんだね。どんなのを使った？詳しく書いてみて。」
　「友達と話して楽しかったのね。どんなことを話した時楽しかった？」
　「次の時間はどんなことにがんばりたい？」

　どんなことを書くのがよいか，ヒントになるようにする。さらにめあてに沿った振り返りをしている児童や，前回から伸びた児童は全体に紹介する。それを聞いて，「ゲームが楽しかった。」とだけ書いていた児童が，慌てて書き直したり，書き加えたりすればしめたものである。

4 指導のポイント

　シートを１枚にすることで，児童は前時に自分の書いた振り返りや教師のコメントを見ながら本時を振り返ることができる（**【主体的な学び：振り返って次につなげる】**）。その際，自身の成長を感じ，さらに次時への自分なりのめあてができる。

（江隈美佐）

つながった振り返りシートで次につなげる（中学校）

1 この活動の授業技法

> ・1単元分の振り返りを教師が時系列に見ることによって指導計画を調整する（技法4－3）

2 授業場面と指導のねらい

　単元に入る際に，「この課で付けたい力」を生徒と共有をする。また，1単元分の振り返りを1枚のシートに記入できるようにした「You Can Card」に毎時間記入させることにより，教師が生徒の理解度を把握し，指導計画を調整できるようにしている。

3 指導の実際

　実際の活用手順は以下の通りである。

---

(1)　毎時間授業前に各生徒に You Can Card を配付する。

(2)　生徒は①日付，②2分前着席，③宿題，④忘れ物について A，B，C で記入する。

(3)　授業の「今日のめあて」を記入する。

(4)　授業後に⑤発表・挙手，⑥授業理解度，⑦集中度を A，B，C で記入し，授業の「振り返り」を文章で記述する。

(5)　教師は次の時間までに，それぞれの生徒の記述を読む。

生徒の記述から「授業の理解度」「学んだことを活用しているかどうか」「題材に関する気づき」などが見て取れる。

【授業の理解度】

　時系列で見てみると1時間目は「現在進行形はよくわからない」，2時間目は「現在進行形がわかりかけてきた」，3時間目になると「現在進行形がわかった」などと記述されており，生徒の理解の状況が把握できる。**「わからない」と書いた生徒が多い場合には，次の授業の始めに復習の時間を多くとる**（技法4－3）。

【学んだことを活用】

　It is important for me to talk with my friends. など，学習した表現を自己表現に活用している生徒がいる。また，What makes you happy? と，教師に英語で質問をしてくる生徒もいる。

【題材に関する気づき】

　「落語を見てみたい」「落語のことを外国の人に説明できるようになりたい」「原爆のことについて考えさせられました」など，教科書の題材を通しての生徒の気づきや学びを見取ることができる。

4　指導のポイント

　生徒は You Can Card を毎時間記入することにより，自分の学びの過程を把握することができる。単元のゴールを目指して，1時間の授業の活動を把握し，学習に向かっているようである。教師は毎時間，生徒のカードを見ることにより，生徒のさまざまな気づきや学びを把握できるとともに，必要に応じて指導計画を調整することができる（**【主体的な学び：振り返って次につなげる】**）。

（甲斐しのぶ）

活動例 19　用具（カードやシート）を活用して対話する

1　この活動の授業技法

・グループでの対話をスムーズにする用具を与える（技法5－1①）
・クラスで発表させて，より妥当な考えをシェアさせる（技法5－1②）

2　授業場面と指導のねらい

　中学校3年生の教科書にある原爆ドームの紹介の場面である。外国の人に，わかりやすく「平和の大切さ」を伝えられるようになるために，文の並び替えの活動を通して，文章の構成について考えさせた。

3　指導の実際

　本文を並び替えさせるシートを配付し，次の指示をする。

（指示）多くの外国人が，広島の原爆ドームを訪れています。あなたが原爆ドームのことを説明するとしたら，次の⑦〜⑩をどのような順序で話したら説得力があると思いますか。各自で考えて並べ替えなさい。

⑦ We should remember the importance of peace.
④ The Dome also expresses the hope for peace.
⑦ We call it the Atomic Bomb Dome.
④ The Dome reminds us of the tragedy of war.
⑦ This makes us sad.
⑩ This building was destroyed in 1945.

各文の意味を考えさせた後，次の指示をした。

（指示）個人の考えを出し合い，聞き手にとって説得力がある文章になるようにグループで並び替えてください。その際，なぜ，その順序なのか根拠をそえて説明できるようにしておいてください。

　具体的に操作しながら考えることができるよう，㋐〜㋕の文をカードにした束を与えた（技法5-1①）。生徒たちはどの語に注目して並び替えたらわかりやすい説明になるのかをグループで積極的に話し合い，カードを並べ替えていた。各グループの結論が出たところでクラスで発表させ，より妥当な考えをシェアさせた（技法5-1②）。

Strategy5

- This building で始まる文は，今，目の前にあるものを説明している。
- 代名詞の it, this に注目する。説明をしているものの後に，代名詞が含まれた文が来る必要がある。
- 主語が The Dome の文が2つあるが，also がついた文は後になる。
- We should で始まる文はまとめの文になる。

4　指導のポイント

　メッセージ性のある文を学習する際，一方的に訳読で教えてしまい，意味理解だけで終わることがある。本実践では，グループで文の並べ替えの作業をさせることで，仲間がどこに注目して並び替えたのかを聞き合いながら学習を進めさせることができた。全体での交流を通し，それぞれの文がつながることが発見でき，わかる喜びを実感させることができた。英語が苦手な生徒がグループ学習の時に，他の生徒の説明をしっかりと顔をあげて聞いていた姿が印象的であった（【対話的な学び】）。

（甲斐しのぶ）

活動例
20　相手の反応から妥当性を知る

1　この活動の授業技法

・相手が本文を見ないで自分の音読をリピートするというやり方で，自分の音読や聞き取りの妥当性を判断させる（技法5－2）

2　授業場面と指導のねらい

　中学校１年生の３学期，I や We などの１人称主語で書かれた教科書本文を音読する場面である。ペアの相手にリピートさせるという活動にすることで，自分の音読の妥当性を対話的に理解することになる。

3　指導の実際

　たとえば，次のような本文の音読練習に取り組ませる場合について述べる。

I visited New York during my summer vacation. I talked with many people there. I took many pictures, too.

Look. These are my favorites.　　　　　（本文は筆者による仮のもの）

　まずペアで，A（話し手）とB（聞き手）の役割分担を決めさせる。役割は後で交代することを告げておく。役割が決まったら，Aは教科書を見ながら，本文を１文ずつゆっくり正確に音読する。Bは教科書を見ずに，１文ごとに聞き取った内容を暗記し，主語を You に変えてAに言い返す。AはBの言った内容を聞き取り，正しければ "Yes!" と言って次の文に進ませる

（技法5－2）。実際には以下のようなやりとりとなる（下線部は教科書本文
と異なる部分）。

A：I visited New York during my summer vacation.（教科書を読む）

B：<u>You</u> visited New York during <u>your</u> summer vacation.

（教科書を見ずに繰り返す）

A：<u>Yes!</u> I talked with many people there.（Yes! と言って次の文を読む）

（中略）

A：<u>Yes!</u> Look.（Yes! と言って次の文を読む）

B：<u>Sure.</u>（命令文には"Sure"で受け答えする）

（以下略）

Strategy5

Bは教科書を見ずに英文を聞き取り，暗記してAに言い返すため，かなり
の負荷がある。また，**Bの言った内容が間違っていたら，Aはその部分を再
度読み上げ正しく伝え直さなければならない**（技法5－2）ため，AもBの
言う内容をしっかりと聞き取ろうとするようになる。

うまく本文の最後までたどり着いたら笑顔でハイタッチさせ，役割を交代
させる。

4 指導のポイント

生徒自身には直接関わりの少ない本文でも，この方法で対話的に音読練習
に取り組ませることで，相手にうまく伝えよう，しっかり聞き取ろうという
姿勢が育つ（**【対話的な学び】**）。また，聞き取れない時には"Pardon?"と
聞き返させることで，音読練習ではあるが，あたかも会話練習に取り組んで
いるかのような姿が多く見られた。

なお，本活動の音読練習の形式は，斎藤（2011）の提案する「インティ
ク・リーディング」の一種である。また，山本（2016），小林（2017）にも
同様の方法が見られる。 （立川研一）

活動例 21　スピーチの伝わり方を聞き手の リプロダクションで確認する

1　この活動の授業技法

・グループで練り合ったスピーチを，１人ずつ他のグループで発表させる（技法５－３）

2　授業場面と指導のねらい

　中学校２年生のスピーチ活動の発表の場面において，互いのスピーチ発表を黙って聞き合わせるのではなく，「対話的」なスピーチ発表会にするための方法である。

3　指導の実際

　４人グループを作らせ，スピーチ原稿作成の段階から協力して取り組むようにさせた。原稿が完成するまで何度も４人で互いのスピーチ原稿を読み合わせ，アドバイスし合わせることで，同じグループの仲間のスピーチ内容はほぼ理解し合っている状態で発表会を迎える。

　発表会はまずグループ内の発表からスタートさせた。順番に１人ずつ立たせ，仲間に向かって話しかけるように発表させた。聞き手の３人には，発表者のスピーチ内容から聞き取れた英単語をメモさせ，スピーチが終わった段階で，聞き取れた単語をキーワードとし，You を主語にして発表者のスピーチ内容をリプロダクションさせた。発表者は聞き手のリプロダクションの内容が正しければ "Yes!" と言ってハイタッチする。発表後のやりとりは，たとえば次ページのようになる。

【発表者（A）の発表が終わったら】
聞き手(B)：You want to be a baseball player.
発表者(A)：Yes!（ハイタッチ）

　聞き手は同じグループの仲間のスピーチ内容はほぼ理解していることもあり，ここまでの活動はほぼスムーズに行うことができた。

　次にグループのメンバーを１人ずつ他のグループに移動させ，そのグループで同様の発表に取り組ませた（技法５－３）。右の図のように，各グループの右前の席に座っている生徒が順に隣のグループの同じ席に移動してスピーチを行うのである。スピーチ発表の手順は１回目と同

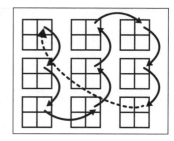

様，聞き手にはメモを取らせ，発表後にキーワードを用いたリプロダクションに取り組ませた。ただし，今度はお互いに内容をよく知らないスピーチを聞くことになるので，難易度は格段に上がる。それだけに，自分のスピーチが聞き手に通じた喜びや相手のスピーチを聞き取れた喜びも格段に大きくなる。クラスのあちこちで明るいハイタッチがくり広げられた。

4　指導のポイント

　発表の際は，暗記した原稿を一気に読み上げるように話すのではなく，相手に１語でも多く伝わるように，速さやリズム，イントネーションを考えながら発表するように指導する。また，２人目の発表者は隣の隣（２番目の）グループに移動させたり，３人目の発表者は３番目のグループに移動させたりするなど，少しずつ遠くのグループまで行かせるようにする。全員の発表が終わったら，数人に教室の前で発表させるのもよい。聞き手が積極的，主体的に聞こうとし，聞き取れた内容をもとに対話的な活動が生まれるスピーチ発表会となる（**【対話的な学び】**）。

（立川研一）

活動例 22 協働して達成を目指すプリント学習

1 この活動の授業技法

・難易度の異なる２種類の学習プリントを用いて，協働的なプリント学習を実現する（技法５−４）

2 授業場面と指導のねらい

単元末のまとめの時間やテスト前の復習の時間などに行うプリント学習において，対話的な学びが実現する指導法の一案を述べる。

3 指導の実際

この指導は，習熟度別などの少人数ではない等質の通常クラスにおいて，２人の教師（教師Ⓐと教師Ⓑとする。どちらかが ALT でもよい）によるティーム・ティーチングの場面を想定している。**学習プリントは，全員にしっかりと理解させ身に付けさせたい基礎的な問題を中心としたもの（A教材と呼ぶ）と，１人では解決できないかもしれない難易度の問題を含む発展的なもの（B教材と呼ぶ）の２種類を準備する**（技法５−４）。B教材はその単元の本文で扱われたテーマなどに関連した自己表現課題であってもよい。また，「アドバイザー」と書いた名札を５人分程度準備しておく。

まず生徒全員にA教材を配付して一斉に取り組ませる。２人の教師は支援が必要な生徒を中心に机間指導を行う。A教材の問題が全

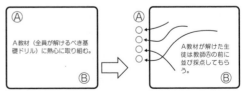

部解けた生徒は，教師Ⓐの前に並び順に採点してもらうよう指示する。

教師Ⓐは合っている問題に丸を付けるが，間違っている箇所は指摘せず，自分でミスを発見して解き直すよう指示する。全問正解した生徒にはB教材を手渡す。この間教師Ⓑは引き続き机間指導を行う。

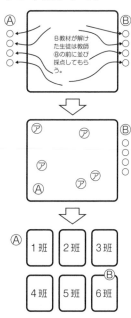

B教材が解けた生徒は教師Ⓑの前に並び，順に採点してもらう。教師Ⓑも正解している問題にだけ丸を付け，間違っている箇所は指摘せず，生徒自身にミスを発見させて解き直させる。**B教材に全問正解した生徒先着5人程度に「アドバイザー」の名札を渡し，困っている友達へのアドバイスを行わせる**（技法5－4）。

A教材をほとんどの生徒が解いてしまった頃，教師Ⓐはアドバイザー（図の中のⓐ）の生徒にA教材の採点権を与えるとともに，自分は本当に苦手な生徒への個別指導に当たる。教師Ⓑは引き続きB教材の採点を続ける。

授業の残り時間10分程度で，机を班の形にさせ，B教材について**教え合い学習を行わせる。まだわかっていない生徒に，すでにわかっている生徒がヒントを出しながら，全員が理解できるように励ます**（技法5－4）。B教材の課題が作文などの自己表現である場合は，ここで発表させ合うのもよい。教師ⒶとⒷは机間指導を行い，教え合いがうまくいっている班を称賛する。

4 指導のポイント

アドバイザーには，困っている友達に直接答えを教えるのではなく，答えに気づかせるような「上手なヒント」を出し続けるようにさせる（**【対話的な学び】**）。苦手な生徒がうまく正解にたどり着いた時など，教室のあちこちで歓声が上がる。英語科のみならず他の教科でも応用が可能な指導法である。

（立川研一）

活動例 **23** グループの中で快活に学ぶ

---

1 この活動の授業技法

・全員がグループのリーダーとなる機会を与える（技法5－5①）
・「Thank you Note」で他者を尊重する態度を育てる（技法5－5②）

2 授業場面と指導のねらい

　異なる HR に属する生徒たちが履修する高校英語科目クラスでの実践である。集まった全員が英語でのコミュニケーション活動を「対等な立場」で「活発」に「臆さず」に「尊重」し合って行うことができるように，2段階の工夫で土壌づくりをした。ひとつはペア活動／グループ活動のためのメンバーの組み方であり，もうひとつはクラス一斉の活動での工夫で，「Thank you Note」によって仲間に対して前向きな評価をすることであった。

3 指導の実際

　グループはリーダー1人を含む4人構成とする。座席はグループ単位で前後左右の席とし，ペアのフォーメーションもすぐにできるようにした。

　およそ月に1度のグループ編成替えで，リーダー，メンバー，座席が変わる。その時のリーダー選出は「グループリーダー推薦（GLR）」で行った。毎回，クラス32人全員が各自4人ずつをリーダーとして GLR 票に書く。それを教師が開票し計8人の新リーダーが決まる。各リーダーのもとに英語の学習状況なども踏まえながら教師が組み合わせた3人が配置され，4人となる。**毎回の GLR では，未経験のリーダーも選ばれるようにし，やがて，自**

薦もありとして，１年間で全員がリーダーとなるようにした（技法５－５①）。

リーダーの役割はグループ活動の司会・進行，つまり，英語でのコミュニケーション活動の司会・進行である。英語に対する抵抗感の強弱にかかわらず，リーダーは英語を使用することとなる。**全員がリーダーになるのは，クラスの誰もができるだけ多寡なく英語を使用するための条件整備**（技法５－５①）でもあった。

生徒の感想として，「リーダーをいつかはしなければならないと思っていたが，最初は嫌だった。でも自分の英語がみんなに通じたし，話すのに慣れてきてうれしかった。」が多く挙げられていた。

これと並行して，クラス全体では毎回の授業で２名ずつが順番にスピーカーとなって30秒英語スピーチを行った。生徒は**スピーチを聞いてＡ５用紙の**「Thank you Note」をその場で書き，**スピーカーへの感謝と肯定的な感想，および評価の短いメッセージを送った**（技法５－５②）。クラス全員がスピーカーとなったことで，全員が他者から尊重のメッセージを受けたため，次第に安心して人前で英語を使おうとするようになった。

4 指導のポイント

ペア活動やグループ活動は近隣の座席同士で行われることが多く，座席についても英語科目の種類や学級状況等でさまざまな配置やその用い方が考えられる。この報告での実践は，生活（学級）集団と授業集団が異なるメンバーの英語授業クラスであったため，コミュニケーション活動の土壌となる授業コミュニティづくりを行おうと試みたものである。

ペア活動やグループ活動はすべての生徒がそれを有効だと感じてくれるほど万能ではない。それでもなお，生徒がコミュニケーションの道具としての英語を授業で学ぶにはこれらの活動は有用である。そのため，対話を誰とどのような形態で行わせるかという工夫が必要となる。また，グループの中で，クラス全体の場において，自他の受容と尊重の態度を育てる工夫は快活な学習の土壌でもあると感じる（【対話的学び】）。　　　　　　　　　（小林啓子）

Strategy5

活動例
24
日本語と関連付けるなどして単語を覚える

1 この活動の授業技法

・単語を覚えやすくするアイデアを出し合う場を設定する（技法6－1）

2 授業場面と指導のねらい

　小学校外国語活動において，その時間に慣れ親しむ単語を覚えやすくするための活動である。

3 指導の実際

　glue stick, pen, scissors, stapler, magnet, marker, pencil sharpener, pencil の単語絵カードをばらばらに黒板に掲示しておく。

（指示）文房具の英語の言い方を覚えましょう。**覚えやすくするためのアイデアをグループで考えてみましょう。後でみんなに紹介してください**（技法6－1）。

　グループでの話し合いが始まる。活発に発言し，いろいろなアイデアが出されていた。いつも真面目なAさんが，

　（のりをぐるぐる塗る動作をしながら）のりをぐるぐる塗るのと glue stick が似ています。

と発言した。他のグループからは、「おお〜。」という声が上がった。

次に，普段の授業ではあまり発言しないBさんが，

---

pen → pencil → pencil sharpener は，進化形になってる。

と発言。他の児童からは，「Bさん天才！　すごい。」と拍手喝采。児童に人気のアニメと関連付けて考えたようであった。そこで，絵カードを pen, pencil, pencil sharpener の順に貼り直し，日本語でも「鉛筆」「鉛筆削り」と表すので，英語と同じであることを知らせた。その他にも，

・pen, magnet, marker, pencil, pencil sharpener は，日本語と英語の言い方が似ています。

・scissors は使ったことがあるなあ。もしかしたらいつもジャンケンで使っているあの scissors のことかな？

など多くの意見が出された。

この後，ペアで声をそろえて読み方を練習させた。既習の知識や日本語と関連付けることで，覚えやすくなったようである。

4　指導のポイント

日頃何かを記憶する時に，他のものと結びつけて覚えることがある（「精緻化」）。今回はそれを，新出単語の慣れ親しみの場で使ってみた。ただ，繰り返し言ったり書いたりするだけでなく，何かに関連付けて考えることで，単語を習得しやすくなる（【深い学び：知識を相互に関連付ける】）。

また，友達とアイデアを出し合うことで，いくらかのアイデアがミックスされてさらによいアイデアが生まれてくる。協働から思考がさらに深まることが期待される。今回児童から出されたアイデアは，これからさまざまな単語に慣れ親しんでいく時に児童自身の参考になると考える。　　　　（江隈美佐）

Strategy6

活動例 25　類推して形と形を関連付ける

1　この活動の授業技法

・ある形（過去形）から別の形（原形）を類推する活動を通して，２つの形の関連を印象付ける（技法６−２）

2　授業場面と指導のねらい

　中学校１年生で規則動詞の後に，不規則動詞を学習する場面である。過去形から現在形（原形）を類推する学習をグループで行い，形の違いを関連付けながら過去形を覚えさせることをねらいとしている。

3　指導の実際

　まず，次の会話を生徒に聞かせる。

JLT : Where did you go last Sunday?

ALT : I went to the supermarket last Sunday.

　　　I bought milk and butter.

　　　I made a cake.

---

　went の現在形は go, bought の現在形は buy, made の現在形は make であることを全体で確認した後，３人グループを作らせ，次の指示をした。

（指示）次の20個の不規則動詞の原形は何でしょうか。３人で考えて，

ホワイトボードに書きなさい。

went, came, had, saw, did, made, ate, swam, bought, ran,

got, met, wrote, said, gave, drew, left, took, slept, read

動詞のいくつかは難しくて，生徒はなかなか思いつかないようであった。
そこで次の指示をした。

（指示）made の原形は make。k が d になっています。このように，文
字が一文字変化している場合があります。似たものを出し合いましょう。

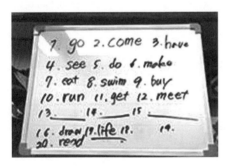

グループで出し合ったものを，黒板に貼らせ，全体で確認をする。20個の
不規則動詞を覚えさせる際に，**過去形から原形を類推させる活動を通して，
2つの形の関連を印象付けさせる**（技法6－2）ことで，覚えることの抵抗
感を減らすことができた。

4 指導のポイント

動詞の不規則動詞の過去形を教える際に，原形と似ていることに気づかせ
ることで，覚えやすくなる（**【深い学び：知識を相互に関連付ける】**）と考え
た。すぐには，原形を思いつくことができなかったが，「made と make は
d と k の違いである」ことを説明したことで，つづりに注目させることがで
き，その他の類推が容易になったようである。　　　　　　　　（甲斐しのぶ）

活動例 26　メッセージに関連しそうな単語を集めてから作文する

1　この活動の授業技法

・作文するメッセージに関連する単語を集める活動を設定する

（技法6－3）

2　授業場面と指導のねらい

　学年末の時期に，メッセージのあるライティングを目標とした授業を行った。異なる学年の生徒が集まる特別授業であった。生徒がそれまでに中学校の教科書で学習してきた全単語（句）を概観し，自分たちが書こうとするメッセージに生かすことのできそうな単語を集めるという活動を設定した。

3　指導の実際

　「花は咲く（東日本大震災復興支援歌）」の英語版 Flowers Will Bloom（IL DIVO 'A MUSICAL AFFAIR', 2013）でウォームアップ後，各自の教科書（New Crown）を持って3，4人のグループになる。

（指示）中学生になって学んだ英単語を使って，励ましてあげたい人に送るメッセージ文をグループで書きましょう。どんな状況の人に，どんな励ましのメッセージを送るのか話し合って決めます。次に，教科書の後ろにある「単語の意味」にある単語（句）を最初から最後までざあっとグループのみんなで見ていって，**自分たちが書こうとしているメッセージに関連がありそう，使えそうという単語にアンダーラインを引いて**

> 「使える単語のストック」を作りましょう（技法6－3）。ストックは多めに作るとよいですよ。

　グループの話し合いでは，励ましを送りたい人として，東日本大震災で被災した方，友達がいないと思っている人，高校入試の受験勉強で大変な人などが挙がる。そのような人々の状況を念頭において，単語集めに入る。教科書で見出し語をＡから順番にブラウジングしながら，「advice 助言，これ使える！」「afraid 恐れて，使うよね！」「tomorrow 明日，（ストックに）入れておこう！」「November 11月は要らない」「こんな単語，習った？」「覚えてない」などと言って活動を続けた。選んだ語数などはグループによって違いがあった。この後，「呼び掛け文＋最も伝えたいトピック文＋締めくくり文」というフォームや，複数のメッセージを書いてもよいことなどを教師から説明して，生徒は作文に取りかかった。

表1　選ばれた使える単語候補の一部

advice,	afraid,	believe in,	calm,	can,	cheer,	come true,	difficult,
do, does,	dream,	enjoy,	favorite,	feel,	friend,	future,	glad,
help,	hope,	How about ~?,	hurt,	join,	life,	lonely,	near,
need,	peace,	people,	problem,	remember,	sad,	send,	sorry,
strong,	Take care,	together,	tomorrow,	What's wrong?	Don't worry.	etc.	

（生徒の感想）
　たくさん役立つ語句が教科書にはあるんだ。自分もそれを勉強してきたんだ。中学英語をしっかりやればもっと英語がうまくなる（はず）。

4　指導のポイント

　ここには3段階の活動があった。①既習の単語全体を概観して知識をまとめる（「体制化」）。②その中から自分たちのテーマに関連する語句を取り出し，③自分のものとして使う。学びはこのような過程を経て深まると感じた（【深い学び：知識を相互に関連付ける】）。

（小林啓子）

活動例 27 文字の形を仲間分けする

1 この活動の授業技法

> ・アルファベットを形で仲間分けする方法を出し合って，文字を覚えや
> すくする（技法6－4）

2 授業場面と指導のねらい

　中学校1年生の4月，アルファベットの小文字を似たもの同士でグループ
化し整理させる（「体制化する」）ことで，細かい違いに気づかせる実践をし
た。アルファベットを覚えることが苦手な生徒が正しく文字を認識して書け
るようになることをねらいとした（類似した指導は及川［2018］にある）。

3 指導の実際

　4人グループを作らせ，各グループに1枚ずつホワイトボードを配付して，
アルファベットの小文字の似たもの同士を整理させる。

> （指示）似ている小文字同士を探してグループ分けしなさい。その際，
> その共通性について説明をしましょう（技法6－4）。

似た文字同士をグループ分けし終えたところで次の指示をした。

> （指示）各グループで1人，説明をする人を決めてください。その人が，
> 他のグループに移動して，自分のグループで出た考えを説明します。説

明する人は，自分のグループで練習をし，十分に説明ができるように，他のメンバーはアドバイスをしてあげてください。

他グループは自分のグループが気づいていなかった類似点の説明を聞くと，感心し，声を上げていた。

【似た文字の分類の例】
① a, d, g … 下の部分が同じ
② i, j … i の棒を下に伸ばして曲げる
③ v, w … v を2つで w
④ t, f … t の縦棒を上に伸ばして曲げる
⑤ n, h … n の棒を上に伸ばす
⑥ n, u … ひっくり返す
⑦ c, e, o, a … c に棒を1本加える
⑧ p, q … 向きが反対
⑨ n, m … m の半分
⑩ b, d … 向きが反対

Strategy6

授業後の振り返りでは，生徒からは以下のような感想が聞かれた。

（生徒の振り返り）
・小文字は苦手と思いましたが，形の違いがわかったので家で練習をします。
・A グループはたくさんの共通点を探していてすごいと思いました。
・B さんの説明はわかりやすくてよかったです。

4 指導のポイント

次の時間に小文字のテストを行ったところ，30人中27人がすべて正しく書くことができていた。似た文字の違いを声に出したり，他の生徒の考えを聞いたりすることで，それぞれの文字の特徴に気づくことができ（【深い学び：知識を相互に関連付ける】），小文字に対する正しい認識が進んだものと思われる。

（甲斐しのぶ）

分類し，動詞の変化パターンを見つける

1 この活動の授業技法

- ・分類作業のためのモノ（カード）と手順を準備する（技法6−5①）
- ・他者のやり方と比較する機会を設ける（技法6−5②）
- ・分類活動を通じて覚えやすい方法に気づかせる（技法6−5③）

2 授業場面と指導のねらい

　中学校3年生の4月に不規則動詞の変化を定着させる活動を行った。2年生で学習した，不規則動詞過去分詞形の定着が不十分な生徒が多く，分類活動を通じて覚えやすい方法に気づかせることをねらいとした。

3 指導の実際

　4人グループを作る。50枚の不規則動詞カードを配付する。それぞれのカードには「go‐went‐gone」のように，1つの動詞の原形，過去形，過去分詞形が書かれている。まず手順を説明する（技法6−5①）。

（説明）みんなが覚えやすくなるように，不規則動詞の変化のカードをグループ分けして規則を探します。模造紙の上で，グループ分けをします。次に，そのカードを模造紙にのり付けします。同じグループと思われるものをマジックで囲み，タイトルを付けます。

　各グループでの作業が終わったところで，分類の仕方の違いを比較する機

会を設けるため，次の指示をした（技法6－5②）。

> **（指示）** 他グループと自分のグループの分析を比較します。他グループを見に行く人と，自分のグループの分類の仕方を説明する人と役割分担をしてください。役割は前半と後半で交代します。

全員が他グループを見に行った後，自分のグループに戻り，他グループと似ていた点や，自分のグループよりも良かった点など，互いにシェアさせた。

生徒からは，「同じ意見が意外

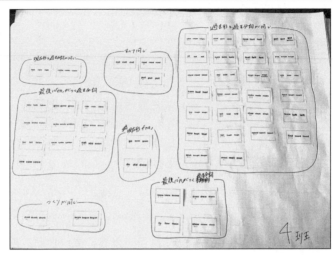

とあった。もっと細かく分ければいいと思う。」「最後の文字のつづりによってグループ分けされていた。」「もっと詳しく分けた方が良かった。A－B－B型の中でも，'en'（の有無の視点）で集めるなどした方がよかった。」などの感想が聞かれ，**不規則動詞の変化の覚え方について多くのヒント得ていたようである**（技法6－5③）。

4 指導のポイント

まず各グループで50の変化の共通性をグループ化（「体制化」）させることで，大きく4つのグループに分かれることや，語尾がA－B－B型とA－B－C型で異なることなどに気づかせることができた。さらに，授業の後半に他グループの説明を聞き合わせることにより，分析をより深くすることができた（**【深い学び：知識を相互に関連付ける】**）。　　　（甲斐しのぶ）

活動例 29　類似した英文の形にある差異を見つける

1　この活動の授業技法

・同じグループの英文（疑問文）の差異（文頭が Does, Is, Can）を考える課題を提示する（技法6-6①）
・整理できた知識を発表する機会を設ける（技法6-6②）

2　授業場面と指導のねらい

　中学校1年生の2学期期末テストの前に，3つの文型（現在形の文・can を含む文・現在進行形の文）の復習を行った。混乱している文法の知識を整理させることにより，生徒に相互の差異に気づかせ，理解を深めさせることをねらった。

3　指導の実際

　最初に①肯定文の差異を考える課題，②疑問文の差異（文頭が Does, Is, Can）を考える課題，③否定文の差異を考える課題の3つを提示した（技法6-6①）。

| ①He skates every day.
　He can skate well.
　He is skating now. | ② Does he skate?
　Can he skate?
　Is he skating? | ③ He doesn't skate.
　He can't skate.
　He isn't skating. |

　それぞれの課題について，3つの文の違いについて考えるように指示をし，最初に個人で考えさせた後，4人グループで気づきを共有させた。

①の３文では，生徒たちは日本語にした時の語尾の違い（〜する，〜できる，〜している）により，意味の違いを理解することができた。

②と③の３文については，意味によって，先頭に出てくる単語や主語の後ろに来る単語が異なることなどに気づくことができた。

授業の最後に，振り返りとして次のように指示をした。

（指示）今日は does, can, is を使った３つの英文の違いを学習しました。今日学んだことを発表してください。

整理した知識を発表する機会を設けることにより，生徒は互いの気づきを共有することができた（技法６－６②）。生徒の整理した知識は下のようなものであった。自ら気づいた知識を自分の言葉で整理・表現することで，定着させることができたようである。

・３つの文の違いが今日の授業でとてもよくわかりました。
・文の肯定文・疑問文・否定文の種類を分けて理解することが大事です。
・現在形や現在進行形は単語が違い，意味が違うのがわかりました。
・意味を理解して英語が書けるようにします。「〜か。」は疑問文。
・現在形，can の文，現在進行形の文を読み取ろうと思いました。
・doesn't，can't，isn't がよくわかりました。
・Does, Can, Is の違いがわかったのでよかったです。

---

4 指導のポイント

定期テスト前に，これまでに学んだ知識が混乱しているように思われた。改めて学習内容を整理（「体制化」）させ，個人の気づきを全体で発表させ合うことにより，中途半端な理解にとどまっていた生徒たちの知識が整理された（**【深い学び：知識を相互に関連付ける】**）。　　　　　　　（甲斐しのぶ）

Strategy6

活動例 30　英文に込められた意味を読み取り，音読する

1　この活動の授業技法

・適切な訳文を考えさせて文の深い意味を読み取らせる（技法7－1①）
・文に込められた思いを理解して音読させる（技法7－1②）

2　授業場面と指導のねらい

　中学校2年生の教科書本文の読解に当たり，場面に応じた適切な訳文を考えさせるとともに，その訳文を見ながら英文をリプロダクションさせることで，文に込められた思いを理解して音読させることをねらった。

3　指導の実際

　平成22年に筆者が行った実践を示す。登場人物の Ken と Ratna が動物園のスマトラ虎の檻の前で説明の看板を見ながら話している。看板には，スマトラ虎が絶滅危惧種であることや，それを保護するための取り組みなどが説明されている。Ratna は日本語を読めないことから，Ken に英語に訳すようにと頼む。Ken は，日本語の看板を見ながら，その内容を即座にすらすらと英語に訳して伝えているのである（平成22年度版『New Crown English Series 2』，三省堂，p.22，1行－8行）。授業では，Ken と同じように，日本語の看板を見ながら，その内容をすらすら英語で言えるようになることを「めあて」とさせ，まずは次のように指示をした。

（指示）Ken の話している英語を元に，**看板に書かれている内容を，自**

然な日本語で再現しなさい（技法7−1①）。

生徒たちは，

- ・"Only about 400 Sumatran Tigers....."の文は『〜しかいない』と，否定文のように訳す方がいい。
- ・"Buy one."は命令文だけど，『お買い求めください』の方がいい。
- ・help という単語は（この場合）「援助」や「救援」の方が合ってる。

など，動物園の看板に書かれているような自然な日本語にするため，さまざまな工夫をして訳に取り組み，英文に込められた意味や思いを読み取ることができた。

看板の内容が再現できた後，私は次のように指示した。

（指示）今から Ken に挑戦します。教科書を閉じ，**グループで作った日本語の看板を見ながら，Ken と同じようにすらすら英語に直すことができるようになるまで，練習しなさい**（技法7−1②）。

個人で練習した後は，教科書と同じようにペアで音読練習に取り組ませた。Ken になりきって，堂々と Ratna に説明しようとしている姿を，教室のあちこちで見ることができた。

4 指導のポイント

　一見説明的なセリフで，生徒によっては深く興味を感じない者もいるかもしれない本文である。場面や状況を意識させ，看板に込められた思いを感じさせたいと願って行った実践である。生徒の挑戦心をくすぐることで主体的な学びを実現するとともに，読みを深めることができたと感じている（【深い学び：問い・課題で深化させる】）。

（立川研一）

　　1文を加えて説明を豊かにする

1　この活動の授業技法

・説明がより詳しく興味深くなるように，1文を追加させる

　　　　　　　　　　　　　　　　　　　　　　　　　　（技法7－2）

2　授業場面と指導のねらい

　中学校2年生の1学期，「There is / are ～」の文の学習の後，「新しく来るALTに，漢字をクイズ形式で説明しよう」という目標を示し，表現活動に取り組ませた。さらに，クイズの答えに1文を付け加えさせてより詳しく説明するという発展課題によって，深い学びへと結びつけることをねらった。

3　指導の実際

　まずは，教師が作ったクイズに取り組ませ，ゴールイメージを持たせた。

---

(1) There is the "moon" by the "sun". What is this?

　　→　It is (　　　　). It means "＿＿＿＿".　解答：明／bright

(2) There are three "trees". What is it?

　　→　It is (　　　　). It means "＿＿＿＿".　解答：森／forest

　次に，各自が考えた漢字を There is / are を用いて英語で説明する活動に取り組ませた。英語が苦手な生徒には，「林」「轟」などイメージしやすい漢字を示し，上記の例をヒントに考えさせた。

　その後，グループで，作った問題を出し合わせ吟味させて，面白そうなも

のをクイズとして完成させた。以下は生徒たちが作りあげた作品例である。

---

(1) There is "water" by "every". → 海／sea

(2) There is "born" under the "sun". → 星／star

(3) There is a "tree" in a "mouth". → 困／trouble

グループごとの問題ができあがったところで，私は次のように指示をした。

（指示）ALT の先生がもっと漢字に興味を持ってくれるように，**答えに関連する「プラスワンの文」を解答の後に付け加えなさい**（技法7－2）。たとえば次のようになります。2文以上付け加えてもよいです。

→ It is "明"．It means "bright"．<u>If we see the moon and the sun in the sky, it's very bright!</u>

　表現の仕方がわからないグループは教師が手助けをしたが，「次の時間にALT に出題する」という相手意識・目的意識から，難しい表現を使うことにも積極的であった。以下は生徒たちが考えたプラスワンの文である。

→ It is "海"．It means the "sea"．Every water comes to the sea.

→ It is "星"．It means a "star"．Stars are born after the sunset.

→ It is "困"．It means "trouble"．A tree in a mouth! It's a trouble!

4　指導のポイント

　「プラスワン」の課題を課すことで，漢字の意味をより深く考えたり，ALT の先生に興味を持ってもらうよう表現を工夫したりする姿が見られた（**【深い学び：問い・課題で深化させる】**）。次の時間，ALT は漢字に大いに興味を示した。そのことでもまた生徒に与えた達成感は大きかった。なお，漢字のつくりを英語で説明させる実践は，築道（2001）にも見られる。

（立川研一）

「I」に変えて読み，書くことで主人公の心情に近づく

1 この活動の授業技法

・3人称の主人公の文の主語を「I」に変えて音読させ感情移入させる
（技法7−3①）
・主人公のメッセージを想像し，「I」を主語にして書かせる
（技法7−3②）

2 授業場面と指導のねらい

　中学校3年生の物語教材の学習において，目的を明確にして読解に取り組ませることで，物語を自分自身との関わりの中で捉えさせ，深く理解させようとした。

3 指導の実際

　教科書『New Crown English Series3』（三省堂）のLesson4「The Story of Sadako」は，広島の原子爆弾の後遺症で亡くなった佐々木禎子さんについての物語である。出来事を時系列で捉えさせるだけでなく，より深い読みにつなげるため，次のような課題を単元のゴールとして示した。

（課題）天国にいる禎子さんから私たちへのメッセージを読み取り，英語で表現しよう。

　以下は，筆者の助言をもとに佐伯市立蒲江翔南中学校の富高淳子教諭が行

った授業を，筆者が再構成したものである。

　まずは，本文の主語（Sadako, She）をIに変えて独白文に書き換えさせ音読に取り組ませた（技法7－3①）。3人称主語を1人称にすることで，たとえば "She wanted to be a P.E. teacher." という文は "I wanted to be a P.E. teacher." となる。天国にいる禎子さんが自分の人生を振り返り，語っているように感じられ，生徒と禎子さんの心理的距離がぐっと近づく。

　その後，本文の小さな表現にまで気を配りながら，各場面の禎子さんや友達の気持ちを読み取らせた。生徒たちは折り鶴に込められた気持ちを想像し，「願い」「祈り」「供養」などさまざまな思いを感じとることができた。

　これらの学習を行った後，以下の指示をした。

（指示）（Iを主語にした）**本文の最後に次の文を付け足し，合計2文以上で禎子さんのメッセージを書きなさい**（技法7－3②）。

Now I am in the heaven. _____.

　生徒たちは禎子さんの思いを想像し，作文に取り組んだ。個人で考えた文をペアやグループでアドバイスし合い，以下のような文が完成した。

Strategy7

- I want you to make a peaceful world and to enjoy your life. But please remember me.
- I'm happy because many people send paper cranes to Hiroshima from around the world every year. They are for me and for the peace.

4　指導のポイント

　本文を1人称主語（I）に変えて読ませることで（【深い学び：問い・課題で深化させる】），主人公の気持ちに寄り添いながら，読解を深めさせることができた。目的意識を持ち，自分の気持ちを登場人物に近づけながら読解することで，主体的・対話的で深い読みが実現する。

（立川研一）

活動例 33 「ジグソー」形式で精査と問題解決を図る

1 この活動の授業技法

・まず同じ課題の者同士で精査し，次に異なる課題の者に対して発表させ解決案の妥当性を検討させる（技法8－1）

2 授業場面と指導のねらい

中学校3年生の教科書『New Crown English Series3』（三省堂）のLesson7「English for me」「世界の子どもたちの夢」の教材を活用し，それぞれの子どもの夢に関する悩みに対して，友達として英語でアドバイスをさせる取組を行った。その際，ジグソー法の手法を用いて，考えを練り合うことを試みた。

3 指導の実際

3人グループで3人の登場人物（A，B，C）の夢を分担して読ませ，それぞれの夢，悩み，アドバイスを表にまとめさせた後，次の指示をする。

（指示）Aさんの夢を読んだ人は集まって，表にまとめたことを確認してください。Bさんの夢，Cさんの夢を読んだ人もそれぞれ集まって確認してください（技法8－1）。【エキスパート班活動】

それぞれの人物ごとにエキスパート班を作り，考えを伝え合わせた。まとめた表の内容が確認できたところで次の指示をする。

（指示）最初の３人グループに戻り，それぞれの①夢②悩み③英語のアドバイスをお互いに伝え合いましょう（技法８－１）。【ジグソー班活動】
また，他のグループの考えも活用しながら，自分たちのグループのオリジナルのアドバイスを書いてください。

以下は最終的に生徒が考えたアドバイスの一部である。

A：You can be both a musician and a doctor but you must make effort.
　　You don't have to give up your dream.
B：If you don't give up, you can do it.
　　It's hard to be a person who never gives up.
C：I think so too. The problem is too hard but we have to try it.
　　First try 3R by yourself. Next, tell your opinion to everybody.

振り返りでは，「自分の言葉で英語を書くことが難しかったけど，（友達と協力して）わかったら楽しかった」「アドバイスは難しいけど，いろんな意見に触れることができてうれしい」「文章づくりは難しいけど，『がんばれ』という言葉のバリエーションが増えてよかった」など，友達のさまざまな考えに触れたり互いのよいところを取り入れ合ったりしながら学習を進めることのよさを実感している記述が多く見られた。

Strategy8

4 指導のポイント

　複数の登場人物が各自の考えを述べているような場面では，ジグソー法の手法が有効である。生徒は，友達と協力して教科書の人物に送るアドバイスを考えることを通して，自分も励ましてもらっているような気持ちになったのではないだろうか。アイデアや表現方法を協働的に練り合うことを通して（【深い学び：情報を精査し解決策を考える】），言いたいことを英語で表現できる喜びを感じさせることができたと感じている。
　　　　　　　　　　　　　　　　　　　　　　　　　　（甲斐しのぶ）

活動例 34　他のグループが納得する解決策を 協働して考え出す

1　この活動の授業技法

・他のグループが納得するような問題解決策が提案できるように仲間で
考えを練り上げさせる（技法8－2）

2　授業場面と指導のねらい

　中学校3年生の実力テストで，多くの生徒に共通する誤答が見られた。そ
こで，誤答問題の解説をグループごとに考えさせ，互いに説明し合う活動を
行わせた。

3　指導の実際

　誤答例は一覧にして全員に配り，次の指示をする。

（指示）次の7つの誤答が実力テストで多く見られました。間違えた人
が納得するように，グループで協力して解説の仕方を考えてください。

（誤答例）
1　We shouldn't late.
2　(1) When you used your pen?
　　(2) When did you used your pen?
　　(3) When do you used a pen?

3　I have interested in it.

4　(1) Watching it make me excited.

　　(2) Watching action movies make me excited.

5　I not agree.

6　(1) I enjoy to read many books.

　　(2) I　enjoying to read many books.

　　(3) I　am enjoyed reading many books.

7　(1) She takes care of children staying there.

　　(2) She taking care of children staying there.

　　（質問は What did Ms. Mori do?）

　７つのグループに１～７の誤答を１問ずつ分担させた。**他グループが納得するような問題解決策を提案できるように，仲間で考えを練り上げさせ，ホワイトボードにまとめさせて発表させた**（技法８－２）。発表後は，納得できたかどうか他グループの生徒に判断させ，納得できない生徒が多い場合には，他グループの生徒にも応援をさせた。

　授業後の生徒の振り返りには，「不定詞，動名詞，助動詞がわかっていないことがわかった」「自分は英語が苦手なので，テストを解き直して，もう一度基礎を理解しようと思った」「動名詞が主語になると３人称単数とすることを初めて知った。頭では理解していても，人に説明するのは難しいと思った」のような感想が見られた。

4　指導のポイント

　既習事項について不完全な修得の状態であることが誤答からうかがわれた。グループごとに各自の考えを説明し合わせることで，自分に身に付いていない知識に気づかせることができた。人を納得させる説明をグループ内で練り上げる活動を通して，今まで持っていた知識が関連付けられ再構築されていくと思われる（**【深い学び：情報を精査し解決策を考える】**）。　　（甲斐しのぶ）

Strategy8

活動例 35　仲間の困りを助けて学ぶ

1　この活動の授業技法

・他者が求めてきた援助に応えようとする中で，人に役立とうとする心を育み，自身の力も伸長させる（技法8−3）

2　授業場面と指導のねらい

　中学校2年生のライティング活動において，まとまりのある英文（「週末の予定」など）を書かせる場面である。その際，仲間同士で互いに援助を求める「ヘルプ・レスポンス活動」を行った。本実践は，CHAPTER1のStrategy8で大学生を対象に行われた指導を中学校2年生に実施した報告である。

3　指導の実際

　まず，身近なテーマで10分間英文を書かせる。その後，次の手順で「ヘルプ・レスポンス活動」を行わせる。作文のテーマを変えて，3回分の授業で行った。「ヘルプ・レスポンス活動」は，次のようなプリントで説明した。

(1)　書き手は，自分の英文について自信がない箇所に下線を引く（最大2か所）。「①，②」のように番号を振る。
(2)　次に，「Help!」の欄に，グループのメンバーに聞きたい内容を書く（技法8−3）。
　　（例）　①theかaかわからないので，教えて。

② 「おばあちゃんに会いたい。」と言いたいけどこれでいい？
(3) 4人メンバーは自分の Help! 欄を書き終わったら，シートをメンバー内でくるくると回す。
(4) シートが回ってきたら，他者の Help! に対する自分の考えを，「Response」のところに書く（技法8-3）。

（例）

（Aさん）① the だと思う。 ②I went to see grandmother. ではどうでしょう。

（Bさん）①わかりません。 ②I want to see my grandmother. かな？

(5) 自分のシートが戻ってくる。メンバーからの Response を読む。
(6) メンバーからの Response を参考にして，最後は「自分の結論と理由」を《My Conclusion》として書く。

授業での実際の例を3つ紹介する。

【実例1】作文テーマは「週末の予定」。

（元の文）

I'm going to play basketball.

《Help!》

もっと文を伸ばしたい。

《Response》

（Aさん）どこでするかを書くといいよ。

（Bさん）いつするのかを書くといいよ。

（Cさん）どのチームとするとかを書けばいいよ。

《My Conclusion》

I'm going to play basketball in Usuki on Saturday.

みんなが教えてくれた。文が書けた very thank you

Strategy8

この例では，Aさんが文を詳しく書くヒントを提案したことに，BさんC
さんも同じような提案をすることで，書き手は1文をより長く書けたととも
に，提案してくれた仲間に対して，感謝の気持ちを抱いた。

【実例2】テーマは「理想の休日」。

《Help!》

① 「～と楽しむ」はどう書くのか。

② 「観覧車にも乗る」はどう書くのか。

《Response》

（Aさん）① enjoy with ～　②わかりません。

（Bさん）① We will enjoy ～. ② I want to ride 観覧車がわかりません, too.

（Cさん）①わからない。　②わからない。

《My Conclusion》

I will enjoy with my friend.

やっぱり，観覧車がわからなかった。でも，「～と楽しむ」がわかった
から書きやすかった。このおかげで6行書けてうれしかった。

この例では，質問の1つは解決したことから，友達に感謝している。仲間
からアドバイスを受けることにより，少しずつ英語力が付いていくことに喜
びを感じている。ただ，enjoy の使い方はまだ不十分である。

【実例3】テーマは「理想の休日」。

《Help!》

「その後，私は部屋を片付けて，友達を家に呼びたいです。」は After that,
I'm going to clean my room and my friend invite my house. でいい？

《Response》

（Aさん）教科書 p. 6 で My uncle invited my family. だから，上の文だ
　　と「私の友達が私の家を招待する。」になると思う。だから，「～

---

clean my room and I invite my friends in my room.」とか？

（Bさん）「〜 and I invite my friend in my house.」

（Cさん）わかりません。

《My Conclusion》

After that, I'm going to clean my room and I invite my friend in my house.

（感想）今までに習った単語がたくさん使えてよかった。英作文を作る上での疑問もでてきた。少しだけど，うまくなったと思う。

この例では，アドバイスを受けた生徒はメンバーのアドバイスに納得して，英文を改善できたことで書くことに自信がつきつつあるようである。

「ヘルプ・レスポンス活動」を続けると，問題点も含めて次のような感想が出てきた。

・3回 Help & Response をやってみて，わからない所や不安な所がなくなっていくのがすごくよかった。また，友達のわからない所を探す（調べる）ことで，自分も自然と覚えていくので勉強になった。

・わかったらすっきりするけど，4人しかいないとわからないことの方が多いからもやもやする。グループの人数を増やしてほしいと思いました。

・やっぱり，自分のわからない所を誰かに聞くといいです。でも，基礎的なことも身に付けていきたいです。動詞とか。

4 指導のポイント

他者が求めてきた援助に応えようとする営みは，知識を振り絞って人に役立とうとする心を育み，その中で自身の力を伸長させる（【深い学び：情報を精査し解決策を考える】）。また，自分が困った時に他者に助けを求めることで解決できることを生徒たちは学びつつある。今後は，グループの組み方を工夫すること，教科書や辞書などを参考にして根拠を示しながら説明できるような指導をすることが必要だと感じている。　　　　　（甲斐しのぶ）

Strategy8

文献一覧 （アルファベット順）

Aronson, E. & Patnoe, S.（2011）*Cooperation in the Classroom: The Jigsaw Method,* Pinter & Martin（邦訳『ジグソー法ってなに？』，昭和女子大学教育研究会訳，丸善プラネット，2016）.

アルク（2015）『キクタン　リーディング【Basic】4000』，アルク.

Bandura A. & Schunk, D. H.（1981）Cultivating competence, self-efficacy, and intrinsic interest through proximal self-motivation, *Journal of Personality and Social Psychology*, 41(3), 586-598.

Chaudron（1988）*Second Language Classrooms*, Cambride University Press.

Craik, F. I. M. & Tulving, E.（1975）Depth of processing and the retention of words in episodic memory. *Journal of Experimental Psychology: General*, 104 (3), 268-294.

Dörnyei, Z.（2001）*Motivational Strategies in the Language Classroom.* Cambridge UP（邦訳『動機づけを高める英語指導ストラテジー35』米山朝二・関　昭典訳，大修館，2005）.

Evine（2010）『Mr.Evine の中学英文法＋α で話せるドリル』，アルク.

合田美子・奥田雅信（2009）自己調整学習サイクルにおける目標設定と自己効力感，『リメディアル教育研究』第4巻，第1号，80-87.

Hidi, S. & Renninger, K. N.（2006）The four-phase model of interest development, *Educational Psychologist*, 41(2), 111-127.

堀内孝（1998）自己知識と記銘材料の特質が自己関連付け効果に与える影響，『実験社会心理学研究』，38, 164-171.

池田玲子・舘岡洋子（2007）『ピア・ラーニング入門』，ひつじ書房.

伊藤崇達（2009）『自己調整学習の成立過程』，北大路書房.

伊東治己（編）（2008）『アウトプット重視の英語授業』，教育出版.

Jacobovits, L. A.（1970）*Foreign Language Learning*, Newbury House.

自己調整学習研究会（編）（2012）『自己調整学習』，北大路書房.

鹿毛雅治（2013）『学習意欲の理論』，金子書房.

上山晋平（2018）『中学・高校英語スピーキング指導』，学陽書房.

金谷憲（2002）『英語授業改善のための処方箋』，大修館.

小林翔（2017）『高校英語のアクティブ・ラーニング　成功する指導技術＆４技能統合型活動アイデア50』，明治図書．

小嶋英夫・尾関直子・廣森友人（編）（2010）『成長する英語学習者』，大修館．

Mackin, R. & Seidl, J.（1979）*Exercises in English Patterns and Usage*, Oxford University Press.

三宅なほみ・東京大学 CoREF・河合塾（2016）『協調学習とは』，北大路書房．

中谷素之（2013）何をめざして学ぶか―目標理論の視点から，中谷素之・伊藤崇達（編）『ピアラーニング』，59-73，金子書房

二宮理佳（2015）複数回口頭発表と自己内政活動の効果―自己調整学習理論からの分析，『一橋大学国際教育センター紀要』，6，31-44．

旺文社（2011）『英検準１級二次試験・面接完全予想問題』，旺文社．

大鐘雅勝（1996）『「英語のペア学習」わくわくワーク集』，明治図書．

及川賢（2018）外国語・外国語活動における深い学びとは？，『TEADA』，No.24，2-5．

Oxford, R. L.（1990）*Language Learning Strategies*，Newbury House.

Rogers, T. B., Kuiper, N. A., & Kirker, W. S.（1977）Self-reference and the encoding of personal information, *Journal of Personality and Social Psychology*, 35(9), 677-688.

齋藤榮二（2011）『生徒の間違いを減らす英語指導法』，三省堂．

Schraw, G., Flowerday, T., & Reisetter, M. F.（1998）The role of choice in reader engagement, *Journal of Educational Psychology*, 90(4), 705-714.

杉江修治（2011）『協同学習入門』，ナカニシヤ出版．

田地野彰（監修）（2014）『「意味順」ですっきりわかる高校基礎英語』，文英堂．

田地野彰（監修）（2015）『「意味順」で学ぶ英会話』，日本能率協会マネジメントセンター．

Tajino, A.（2017）MAP Grammar: A systemic approach to ELT, Tajino, A.（ed.）*A New Approach to English Pedagogical Grammar*, 9-25. Routledge.

田中武夫・島田勝正・紺渡弘幸（編）（2011）『推論発問を取り入れた英語リーディング指導』，三省堂．

田中武夫・田中知聡（2003）『「自己表現活動」を取り入れた英語授業』，大修館．

田中武夫・田中知聡（2018）『英語授業の発問づくり』，明治図書．

辰野千壽（1997）『学習方略の心理学』，図書文化．

豊田浩司（2016）学習と記憶実験―精緻化を中心にして，太田信夫・佐久間康之（編）『英語教育と認知心理学のクロスポイント』，23-36，北大路書房．

築道和明（編）（1991）『英語授業・指導言の定石化』，明治図書．

築道和明（編）（2001）『英語授業を豊かにする教育技術の探求』，明治図書．

山本恭子（2010）第2言語ライティング学習時に協働作業によるピアレスポンスが生む創造性，『STEP BULLETIN』，Vol.22, 128-144.

山本崇雄（2016）『なぜ「教えない授業」が学力を伸ばすのか』，日経BP.

山本崇雄（2016）『All English でできるアクティブ・ラーニングの英語授業』，学陽書房．

柳井智彦（1990）『英語授業の上達法』，明治図書．

八代智之（1995）僕らは「辞書引き探偵団」，『楽しい英語授業』，Vol.4, 101-103.

Zimmerman, B. J.（2002）Becoming a self-regulated learner: An overview, *Theory into Practice*, 41(2), 67-70.

【編著者紹介】

柳井　智彦（やない　ともひこ）

大分大学特任教授。九州英語教育学会会長。著書論文として，『英語授業の上達法』（明治図書），Effects of Prompted Planning of Verbs and Subjects on Fluency and Accuracy in Describing Easy and Hard Events, *ARELE*, 30, 2019等。連絡先：tyanai@oita-u.ac.jp

立川　研一（たつかわ　けんいち）

大分大学教職大学院准教授。公立中学校・附属中学校教諭，教育委員会指導主事等を経て現職。著書（共著）として，『新しい学びを拓く英語科授業の理論と実践』（ミネルヴァ書房），『イラスト版：英文法が楽しくわかるプリント』（明治図書），『英語授業を豊かにする教育技術の探求』（明治図書）等。連絡先：ken-tatsukawa@oita-u.ac.jp

【執筆者紹介】

江隈　美佐（えぐま　みさ）	大分県大分市立判田小学校教諭
小川　乃正（おがわ　のりまさ）	大分県大分市立大在中学校教諭
甲斐しのぶ（かい　しのぶ）	大分県大分市立坂ノ市中学校教諭
小林　啓子（こばやし　けいこ）	立命館アジア太平洋大学 非常勤講師（元県立高等学校校長）
瀬口　珠美（せぐち　たまみ）	平松学園大分東明高等学校講師
泊　　陽子（とまり　ようこ）	大分県中津市立豊陽中学校教諭

中学校英語サポートBOOKS

主体的・対話的で深い学びを促す
英語授業8つの指導ストラテジーと活動例35

2020年3月初版第1刷刊 2021年11月初版第3刷刊 ©編著者	柳　　井　　智　　彦 立　　川　　研　　一	
発行者	藤　　原　　光　　政	
発行所	明治図書出版株式会社	

http://www.meijitosho.co.jp
（企画）木山麻衣子（校正）有海有理
〒114-0023　東京都北区滝野川7-46-1
振替00160-5-151318　電話03（5907）6702
ご注文窓口　電話03（5907）6668

＊検印省略　　　　組版所 中　　央　　美　　版

Printed in Japan
ISBN978-4-18-312630-6
もれなくクーポンがもらえる！読者アンケートはこちらから →